博物馆文本翻译与跨文化传播

BOWUGUAN WENBEN FANYI YU KUAWENHUA CHUANBO

豆红丽◎著

经济管理出版社
ECONOMY & MANAGEMENT PUBLISHING HOUSE

图书在版编目（CIP）数据

博物馆文本翻译与跨文化传播／豆红丽著 . —北京：经济管理出版社，2019. 9
ISBN 978-7-5096-6832-0

Ⅰ. ①博…　Ⅱ. ①豆…　Ⅲ. ①博物馆—英语—翻译—研究②博物馆—文化传播—研究—中国　Ⅳ. ①G268　②G269. 23

中国版本图书馆 CIP 数据核字（2019）第 171773 号

组稿编辑：梁植睿
责任编辑：梁植睿
责任印制：黄章平
责任校对：张晓燕

出版发行：经济管理出版社
　　　　　（北京市海淀区北蜂窝 8 号中雅大厦 A 座 11 层　100038）
网　　址：www. E-mp. com. cn
电　　话：(010) 51915602
印　　刷：唐山玺诚印务有限公司
经　　销：新华书店
开　　本：720mm×1000mm/16
印　　张：17
字　　数：237 千字
版　　次：2019 年 9 月第 1 版　　2019 年 9 月第 1 次印刷
书　　号：ISBN 978-7-5096-6832-0
定　　价：68. 00 元

前 言

　　博物馆，是宁谧而神圣的文化、艺术和科学的殿堂，是人类历史文化的宝库和智慧的集结地。自 1682 年近代博物馆出现以来，其就一直承担着传承文化、记忆历史的重任。它收藏文物，并对其加以保护和研究，进而发挥其沟通古今、传承文化的桥梁作用，为科学地研究历史和文化提供了可靠的物质基础。从世界范围来看，无论是发达国家，还是发展中国家，都把博物馆看成民族文化对内传承、对外传播不可或缺的工具和平台。而中国博物馆，更是由于中国文化历史悠久、形式多样、内容丰富而显得尤为重要。中国博物馆里那些精美的展品携带着丰富的历史文化信息，彰显着中华文明的独特气质和审美情趣，静静地向世界讲述着古老的中国故事。

　　伴随着全球化的进一步发展和中国经济的腾飞，中国以越来越强大的姿态屹立于世界民族之林，"中国元素"对世界各国也产生着越来越大的吸引力。在这种背景之下，为了更好地向世界介绍中国的传统文化，让世界更好地了解中国，中国博物馆文本翻译已经成了不容忽视的历史需求，在跨文化传播中发挥着愈加重要的作用。为了满足这一需求，国内很多博物馆已经开始对展品采用英汉两种文本加以介绍，一些英文版的博物馆相关书籍也得以出版发行。其中外文出版社于 2002 年出版的《中国博物馆巡览》（英文版）（*China：Museums：Treasure Houses of History*），于 2008 年出版的《京城博物馆》（英文版）（*Museums of Beijing*），以及五洲传播出版社于 2004 年出版的《中国博物馆》（英文版）（*China's*

Museums），都对中国博物馆文本英译和中国传统文化在世界范围内的传播做出了重要的贡献。

笔者首次接触博物馆文本翻译是在 2009 年。当时，得益于恩师河南大学外语学院郭尚兴教授的启发，笔者选择了中国博物馆文本翻译作为硕士研究生学位论文的研究主题。然而，在检索文献的过程中，笔者发现博物馆文本翻译的相关研究屈指可数：1991 年穆善培在《上海科技翻译》上首次发表相关论文探讨文物翻译的"信"和"顺"的问题。十年之后，《中国科技翻译》在 2001 年第 14 卷第 4 期上刊登了《试论文物名称英译文化信息的处理》，对文物名称中蕴含的文化信息加以研究。随后几年间偶尔有一两篇论文见诸期刊，但也仅仅局限于文物名词和文物翻译的"达"与"信"的探讨。2006 年广东外语外贸大学的一名硕士研究生在其学位论文中第一次相对深入地对文物翻译进行研究和探讨，但她只是从文化角度探索文物翻译的归化与异化译法，并没有针对中国博物馆文本进行特殊的说明和深入的研究。实事求是地讲，中国博物馆文本翻译系统研究在当时还是一片空白，这与博物馆在跨文化传播中的重要地位是极不相称的。意识到了这一点后，笔者不再顾虑研究基础的薄弱以及可参考文献的不足，决心做一次尝试。之后的几个月里，笔者多次到河南博物院和陕西历史博物馆进行现场考察，因为博物馆不允许拍照，笔者就用最传统的纸和笔记录第一手的研究资料，有时在博物馆一转就是一天。历时将近一年，笔者最终完成了自己的硕士研究生学位论文《中国博物馆文本英译系统研究——以河南博物院为例》。

从 2009 年至今，转眼十年。十年间，博物馆的地位越来越重要，功能也越来越丰富；十年间，笔者一直关注着博物馆文本翻译研究的动态，发现相关研究也在不断深入，刊登在期刊上的相关文章也越来越多，但仍然缺乏系统性的梳理。在这样的背景下，笔者想要重操旧业，将自己十年前的研究结合十年的发展进行整理，从而让大家对博物馆文本翻译有一个更加全面的认识。一方面，笔者想要抛砖引玉，意在引起更多相关权威学者的关注，对中国博物馆文本英译进行更为深入和完善的研究。

另一方面，本书也具有一定的理论和实践价值。理论上，它将为翻译研究增加新的维度，拓宽研究思路，为翻译学科建设增砖添瓦；实践上，它将对数十年的博物馆研究进行梳理，为提高中国博物馆文本翻译的质量、促进有效的跨文化交流与传播贡献绵薄之力。

本书试图从跨文化传播的角度，以文化辐合会聚理论为理论基础，运用实证研究、对比分析和归纳总结的研究方法，以中国"五大博物馆"文本为主要研究对象，对博物馆文本翻译进行系统的研究和概述，考证其翻译的意义、目的、性质、原则和标准，探索其翻译的策略、方法和技巧，并以文化传播模式和文化的辐合会聚模式为原型，构建博物馆文本英译的翻译模式。

本书共包括十章：

第一章，笔者首先带领读者走进博物馆，通过对博物馆定义、功能、分类、陈列形式和发展情况的梳理，帮助读者对博物馆有一个最基本的认识；其次，笔者将列举中国具有代表性的"五大博物馆"，以帮助读者加深对博物馆的形象化了解，在此基础上，笔者和读者一起深刻思考并清醒认识中国博物馆的国际化发展态势。

第二章详细讲述博物馆里的文化，也就是所谓的"中国元素"。笔者首先对文化的概念、渊源、内涵进行概述，然后在此基础上分析博物馆文物所蕴含的文化信息，并对文物文化信息的结构加以剖析，为博物馆文本翻译中文化的阐释打下基础。

第三章探讨博物馆在文化传播领域的重要作用，以及目前博物馆跨文化传播中依然存在的一些问题。在世界舞台上，想要讲好中国故事，就要能够从听者的角度考虑"讲什么"和"怎么讲"。这里，就要努力解决好讲好中国故事面临的问题：语言表达造成的障碍和文化差异造成的隔阂。只有解决好这两个问题，才能更好地实现中国博物馆在世界范围内的跨文化传播。

第四章对跨文化传播进行理论分析。在这一章里，笔者从跨文化传播的模式说起，利用文化辐合会聚理论，对中国博物馆文本翻译进行探讨。

第五章对中国博物馆文本进行分析，语言的特征和功能决定了文本归属不同的类型，而不同类型的文本也需要采用不同的翻译策略和方法来处理。

在前五章对博物馆及文化传播这两方面研究的基础上，第六章从中国博物馆文本翻译研究的历史、现状、动机、意义、目标探讨博物馆文本翻译的特点。

第七章简述指导博物馆文本翻译的相关理论。功能对等理论、功能翻译理论、交际翻译理论对博物馆文本翻译策略的选择、翻译方法的采用和翻译技巧的运用都具有非常重要的指导意义。

第八章通过博物馆文本翻译的实例分析，对博物馆文本翻译中依然存在的问题进行分类介绍，以更加客观地了解和认识博物馆文本翻译的现状。

第九章分析博物馆文本翻译的性质、过程、原则和标准。

第十章首先区分了常常混为一谈的翻译策略、翻译方法和翻译技巧三个概念，继而对博物馆文本的翻译策略、翻译方法和翻译技巧分别加以讨论。

由于时间仓促和笔者能力有限，书中依然存在一些不足，还请读者多多指正！

目 录

第一章　中国博物馆概览

第二章　博物馆里的文化——"中国元素"

第三章　博物馆——讲好中国故事，传播中国文化

第四章　跨文化传播研究

第五章　中国博物馆文本研究

第六章　中国博物馆文本翻译研究

第七章　博物馆文本翻译的指导性理论

第八章　博物馆文本翻译中存在的问题

第九章　博物馆文本翻译的性质、过程、原则和标准

第十章　博物馆文本翻译策略、方法和技巧

第一章

中国博物馆概览

博物馆是征集、典藏、陈列和研究代表自然和人类文化遗产的实物的场所，并对那些具有科学性、历史性或者艺术价值的物品进行分类，为公众提供知识、教育和欣赏的文化教育的机构、建筑物、地点或者社会公共机构。博物馆是非营利的永久性机构，对公众开放，为社会发展提供服务，以学习、教育、娱乐为目的。

在世界民族之林中，中国，因其悠久的历史与灿烂的文化而傲然独立。博物馆，作为中国历史文化的圣殿，更是吸引了全世界的目光。在我们所生活的这个时代，毫不夸张地说，想要了解一个地方的历史和志事，最好的选择就是从走进这个地方的博物馆开始。一座博物馆就像是一部物化的发展史，人们通过博物馆里文物（历史文化的标识）与历史对话，穿越时间和空间的阻隔，回首漫长历史的风风雨雨。在烟波浩渺的历史长河中，博物馆见证了源远流长的文化传承，是维系一个民族传统文化的精神纽带。在全球化发展的今天，一座座博物馆就像是一个个城市的名片，不仅已经成为城市文化基础设施的重要组成部分，而且对人类自然、文化遗产的管理和保护具有非常深远而现实的重大意义；同时，在国际舞台上，对跨文化传播和交流来说也起着举足轻重的作用。

改革开放以来，特别是近十年来，在党中央、国务院的高度重视和深切关怀下，在全社会积极广泛的支持和参与下，中国博物馆事业正在以前所未有的速度飞快发展，取得了很多令人瞩目的成就。一个具有中国特色的博物馆体系正在逐步形成并不断得以补充和完善，展现出蓬勃向上的盎然生机和欣欣向荣的发展态势。博物馆不仅在传承中华文明、弘扬中华优良传统方面做出了积极的贡献，同时也丰富了人民群众的精神文化生活，增长了人民群众的科技文化知识，提高了全民族的科学文化素养，普及了科学文化知识，发展了先进文化，为构建和谐社会等精神文明建设做出了非常重要的贡献，在世界舞台上树立了中国作为一个历史悠久的传统文化大国的良好形象。

与此同时，作为博物馆国际化的一个重要环节，中国博物馆不仅坚持"请进来"的发展理念，积极寻找机会在全国各地举办国际著名博物馆藏品展，让国人有更多的机会了解世界文明，为国人了解世界、开阔视野开通了一条便捷渠道；同时也坚持"走出去"的思想方针，在世界各地积极举办各种类型的中国文物专题展览，向世界展示璀璨的中华文明，让世界更好地了解中国，对中国的历史与发展有一个更为直观的认识。不管是"请进来"的发展理念，还是"走出去"的思想方针，两种举措都为中华文明的跨文化传播做出了积极的贡献，在很大程度上消除了世界对中国文化存在的诸多误解，也加深了世界对中国文化的了解。

在这样的时代背景之下，中国博物馆通过收藏、保护和研究那些稀有的、不可替代的历史文化遗产，不断尝试恢复整个民族的集体记忆，从历史中学习和借鉴，从而更好地认识自我。同时，通过中国博物馆不断深入进行更多相关研究，当代中国也在积极借鉴老祖先的智慧，将文物研究中了解到的传统科学和技术古为今用，从而更好地推动当今中国的经济发展与科技进步。此外，中国各级各类博物馆也都是重要的旅游景点，是安全与平等的社区会面场所，不仅体现着一个国家的软实力，也为国家软实力的不断提升贡献力量。同时，作为文化圣地，博物馆也是古往今来无数开拓者、设计师、创造者和领导人的灵感源泉。博物馆作为公共服务机构，同时为本地、本区域、本国，甚至国际观众提供现场展览和网络上的各种在线服务。博物馆的重大意义，不仅在于它们是为过去、现在以及未来的公众提供服务的唯一机构，也在于博物馆通过它们的藏品、建筑和员工的专业技能对社会产生了巨大的影响。博物馆所保存、推广和保护的中国的文化遗产是一笔巨大的历史财富，是独一无二的历史遗产，更是意义重大的公众文化资源，对于维护公民社会的健康与繁荣至关重要。

一、什么是博物馆?

自 1905 年南通博物苑建馆伊始，中国博物馆已匆匆走过百余年。承载着人类的历史记忆，博物馆一直都在用一件件中华文化瑰宝，将流动的光阴定格，静静讲述着中国的古老故事。特别是近些年来，珍贵文物纷纷被视为超级 IP，博物馆也越来越多地进入普通大众的生活，一名热衷于博物馆"打卡"的网友曾经这样描述自己的闲暇时光："我不是在博物馆看展览，就是在去博物馆的路上。"毋庸置疑，"逛博物馆"现在正成为一种时尚的生活方式。由此可见，博物馆文物更像是跨越千百年时光而来的先人信札，它们的"前世今生"可以帮助今人窥见祖先们的生活场景，了解他们的悲欢离合，从而更好地读懂中国的过去、现在和未来。无疑，这样的"精神盛宴"在经济社会高速发展的今天早已不再是小众化需求，而是大众共同的呼唤。

因此，大家完全有必要对博物馆有一个更为深刻的了解和认识。

（一）博物馆的定义

伴随着历史的发展、时代的变迁，人们对博物馆的认识也在不断地演变。因此，不管是国际上，还是中国，对博物馆的定义，都不是一成不变的。国际博物馆协会就曾经对博物馆的定义先后进行过五次大大小小的修订和调整。

1946 年，国际博物馆协会首次对博物馆做出一个明确的界定，即"向公众开放的美术、工艺、科学、历史以及考古学藏品的机构，包括动物园和植物园，但图书馆如无常设陈列室者则除外"。这是第一次明确给博物馆下定义，但是这个版本的定义并没有提到博物馆的收藏功能和科研功能，从概念理解上来说有失偏颇，还是不太完善的。

1951 年，国际博物馆协会对博物馆的定义进行了第一次修订："博物馆是运用各种方法保管和研究艺术、历史、科学和技术方面的藏品，以及动物园、植物园、水族馆的具有文化价值的资料和标本，供观众欣赏、教育而公开开放为目的的，为公众利益而进行管理的一切常设机构。"修订之后的定义对博物馆的功能进行了相对全面的概括，但是个别地方却缺乏概括性。譬如，定义中将动物园、植物园和水族馆分别单列，过于注重罗列某些不具有全局概括性的个体而显得过于具体。

1962 年，国际博物馆协会再次修订了博物馆的定义："以研究、教育和欣赏为目的，收藏、保管具有文化或科学价值的藏品并进行展出的一切常设机构，均应视为博物馆。"经过这次修订，博物馆的定义又过度概括，未能全面体现博物馆的基本特征。

1974 年，在国际博物馆协会第 11 届大会上，博物馆的定义又增添了新的内涵："博物馆是一个不追求盈利，为社会和社会发展服务的公开的常设性机构。它把收集、保存、研究有关人类及其环境见证物当作自己的基本职责，以便展出，公之于众，提供学习、教育、欣赏的机会。"

1989 年，国际博物馆协会对博物馆的定义进行了近年来的最后一次修订，并沿用至今："博物馆是为社会及其发展服务的非营利的常设性机构，并向大众开放。它为研究、教育、欣赏之目的征集、保护、研究、传播并展示人类及人类环境的见证物。"（王宏钧，2001）

国际博物馆协会对博物馆定义的五次修订经历了从具体到抽象，从局限于博物馆自身拓展到关注博物馆与社会的关系，在不同的阶段和时期，国际博物馆协会对博物馆的定位不断明确，日益精准。

然而，由于不同国家的社会发展和历史进程不尽相同，各个国家对博物馆的理解、认识和定义依然存在着明显的差别。

美国博物馆协会对博物馆的定义是："博物馆是非营利的常设性机构，其存在的主要目的不是组织临时展览，该机构应享有免交联邦和州所得税的待遇，向社会开放，由代表社会利益的机构进行管理，为社会利益而保存、保护、研究、阐释、收集、陈列具有教育和欣赏作用的物品及具有教育和文化价值的标本，包括艺术品、科学标本、历史遗物和工业技术制成品，符合前述定义的还包括具备上述特点的植物园、动物园、水族馆、天象厅、历史文化学会、历史建筑遗址等。"

与其相比，中国博物馆的定义则要简洁明了许多："博物馆是文物标本的主要收藏机构、宣传教育机构和科学研究机构，是我国社会主义文化事业的重要组成部分。"（杜水生，2006）

不难看出，在不同的社会制度下，博物馆所扮演的角色、所占据的地位也不尽相同；在不同的历史背景下，博物馆的界定在范围上也存在着很大的差异。

在此，笔者的研究重心是中国博物馆，因此，在本书的论述中也主要参考中国版本的博物馆定义。基于此，我们首先对博物馆功能做一个简要的了解。

（二）博物馆的功能

从传统意义上来讲，博物馆具有三大功能——收藏功能、教育功能和科研功能。然而，伴随着时代的发展和社会的进步，人们对博物馆的理解和期望也在不断改变，已经不再满足于由工作单位或者就读学校统一组织大家到博物馆参观和学习，而是更多地在闲暇时主动走进博物馆，期待享受更为丰盛的精神和文化盛宴，获取更多的科学、技术和文化信息，于是，博物馆的娱乐功能愈加凸显。与此同时，在这样一个信息时代，博物馆同样是为公众提供丰富文化和科学技术的信息中心，是为科学技术研究提供信息保障的中心，从这个意义上来讲，博物馆的信息功能也日益增强。正是因为这些不断增加的社会需求和不断拓展的社会功能，博物馆不仅在文化传播和科研领域至关重要，在普通大众的生活中也举足轻重。2019 年，高考数学题首次出现了博物馆相关内容：维纳斯网红数学高考题；同年，多地中考题也涉及博物馆的相关知识。人们对博物馆的关注程度再创新高。

1. 博物馆的收藏功能

不管时代如何变迁，博物馆的展陈形式如何变化，博物馆的功能如何拓展，对于博物馆来说，最为基本的任务和功能还是收藏文物。从这个层面上来讲，对于一个博物馆最为重要的就是它拥有什么样的藏品。这一点不仅决定着一个博物馆的行业定位和它在该领域的地位，也决定着一个博物馆的归属——属于哪种类型的博物馆。

首先，博物馆应该收藏最好的藏品。所谓最好的藏品，并不是说一件藏品没有一点瑕疵，而是要求它必须具有一定的代表性意义，必须能够代表一个特定的历史时期的文化内涵，或者反映该时期的社会面貌、政治制度、经济状况、文化发展等各方面的信息。例如，北宋画家张择端的《清明上河图》被认为是中国十大传世名画之一，作品以长卷的形式，采用散点透视构图法，生动记录了中国12世纪北宋汴京的城市面貌和当时汉族社会各阶层人民的生活状况。在中国乃至世界绘画史上，《清明上河图》都算得上是最好的藏品。

其次，博物馆的藏品必须定位明确。每个博物馆都有自己的定位和属性，不管是历史博物馆、自然博物馆、科技博物馆还是综合博物馆，其藏品必须体现该博物馆的定位，应该有自己的特色。作为农业博物馆，就要通过不同时期的代表性藏品，对中国农业历史加以梳理；作为钢琴博物馆，便可以通过典型的藏品，让观众对钢琴的发展史有一个较为生动和形象的认识。

再次，博物馆的藏品必须按照科研的要求整理并分类陈列，有些文物的研究可以为当今科技的发展提供启发；有些艺术藏品的研究让今人叹为观止；有些典型建筑至今仍具有较高的研究和运用价值。为了更好地帮助观众了解和欣赏这些文化宝藏，博物馆就要按照一定的要求，对藏品进行归类整理，或者进行专题展览。

最后，博物馆的藏品必须进行定期维护、善加保存。众所周知，很多历史价值非同一般的文物都是独一无二的，经历了岁月的洗礼和历史的沉淀保存至今。但是，如果不加维护，它们也许还会泯灭于历史长河中，未来的中华儿女将再也无法通过它们来认定自己的历史和文化渊源、寻找文化认同。因此，定期维护藏品、保存好这些意义重大的历史见证物至关重要（夏一博，2013）。

2. 博物馆的教育功能

虽然表面看来博物馆的藏品都是不会说话、锈迹斑斑甚至破破烂烂的历史遗物，但这并不能说明博物馆就是一个呆板、严肃、冷漠的所在。事实上，博物馆里展示的都是活生生的历史，它们能够以更为生动和更加直观的方式向大众传达丰富的文化信息，从而达到对大众的教育功能。

从某种意义上来讲，如果说学校是教育的第一课堂，那么博物馆就可以看作教育的第二课堂，可以辅助学校达到教育的目的；同时，博物馆可以说是家庭教育的第 N 个课堂，不少父母会在合适的时候带孩子到历史博物馆参观，希望孩子能够更好地了解我们的传统文化；带孩子到科技博物馆参观，希望孩子可以更好地了解科学技术的飞速发展；带孩子到自然博物馆参观，希望孩子可以更好地认识自然，从而学会尊重自然，并与自然和谐相处；等等，不一而足。笔者近期还关注了一个名为"耳朵里的博物馆"的公众号，通过生动形象的图片和文字，这一公众号向青少年儿童提供博物馆的相关介绍，让未来的接班人对中国传统文化有一个更为深刻的认识，进而激发其爱国情怀。

不同于前些年被单位"强制组织"到博物馆参观学习、接受教育，现在很多人都是自觉、自愿地主动到博物馆学习，正如前文提到的某位网友，热衷博物馆到迷恋的程度，"我不是在博物馆看展览，就是在去博物馆的路上"。

当然，目前各大博物馆也都在积极转变，不断提升其在教育方面的积极作用。登录河南博物院官网，大家可以看到有一个"品牌教育"专栏，其中的"中原历史文化宣讲团"会走进各个学校宣讲中原历史与文明；"中原国学讲坛"可以帮助大家更好地了解我们的国学；"历史教室"让人们穿越时空回望过往，从而更好地了解自己的前世和今生；"在线教育"为忙碌的现代人提供更为便捷的学习方式。同时，丰富多彩的"暑期少儿活动节"更是充分证明了文化教育要从娃娃抓起。

3. 博物馆的科研功能

科研是博物馆生存和发展最重要的基础。没有科研，博物馆就无法将一件藏品呈现在观众的面前，展现其文化价值；没有科研，现代人就不可能了解任何一件藏品的历史价值和文化意义；没有科研，博物馆学更是无从谈起，博物馆的发展也将成为一句空话；没有科研，博物馆文物也无法讲述中国的历史；没有科研，博物馆文物的艺术价值也得不到欣赏和传承。历史学的研究离不开博物馆里的文物研究，艺术史的界定必须基于对博物馆里艺术藏品的深入研究。总之，没有科研就没有博物馆，没有历史。

当然，博物馆的科学研究也是有针对性的，应当结合博物馆工作需要进行，与本馆工作无关的研究项目不宜纳入本馆研究计划之中。博物馆的科研功能必须有所为有所不为，必须有自己明确的特征和研究目标。概括来说，博物馆科学研究主要集中在以下几个方面：博物馆基础理论研究、博物馆工作方法研究、博物馆藏品管理研究、博物馆藏品征集研究、博物馆藏品保护研究、博物馆藏品陈列研究，近些年来，还出现了博物馆观众研究。而笔者的目的则是在充分了解博物馆及其相关背景知识的基础上针对博物馆文本的翻译进行研究。

当然，说到博物馆的科研功能，也不能忽略博物馆相关学科的研究：

（1）自然历史类博物馆的相关学科研究包括植物进化史研究、人类进化史研究、生物分类学研究、稀有物种和濒危物种的研究、生态学研究、形态科学研究。

（2）社会历史类博物馆的相关学科研究包括古代史、近代史、现代史、断代史、考古学的研究。除此之外，还有科学技术史、经济史、政治制度史、绘画史、陶瓷史等。

总之，对于博物馆来讲，科研是生存之本，博物馆拥有丰富的藏品，可以为相关学科研究提供宝贵的实物资料，要积极组织科研工作，多层次、多学科地进行综合研究。

4. 博物馆的娱乐功能

中国博物馆的最初定位是归属文化事业机构，是收藏文物的场所，通过对文物的研究和展览来实现对观众的教育功能目的。但是，随着时代的变迁、经济的发展、社会的进步，以及旅游业的兴起，人民大众生活水平不断提升，精神追求也越来越高。作为一个文化气息极其浓郁的所在，博物馆吸引着越来越多的参观者，博物馆的休闲娱乐功能也逐渐凸显。

当然，博物馆的休闲娱乐功能离不开博物馆藏品的陈列展览。所谓寓教于乐就是博物馆展陈设计的座右铭，也是检验博物馆娱乐功能发挥程度的基本尺度。博物馆的展陈在坚持正确的政治方向前提下必须面向观众，尽力满足人民群众精神文化需求。要注意研究建筑与陈列、内容与形式、设计与制作、管理与服务、观众与环境的和谐统一，力求营造最佳展示效果。博物馆举办展陈的前提是观众要看什么而不是相反，即"我"展陈什么"你"看什么（魏萌萌、李冰，2016）。具体来讲，为了更好地实现博物馆的娱乐功能，很多博物馆也都在积极尝试、不断努力。

首先，很多博物馆目前都提供互动项目。可以让观众零距离地接触一些展品，从而把参观变成一种交流、娱乐活动。其次，很多博物馆都在不断开发与展览有关的衍生性服务项目，使博物馆成为一个集参观、休闲娱乐为一体的综合性文化活动场所。例如，一些博物馆提供陶艺制作、年画制作，使观众在博物馆通过手工制作等项目或亲身参与得到休闲娱乐的满足和历史文化的充分体验。再次，目前多数博物馆都增加了公共服务设施，为观众提供更多的公共服务，从而帮助观众更好地休闲和学习，如咖啡厅、书吧、购物中心等目前在各个博物馆都已经先后出现。最后，高科技手段的运用也可以帮助观众更好地体验博物馆和获得休闲娱乐。例如，电子触摸屏、语音导览、4D电影都可以帮助观众获得更多的娱乐体验。

以成都金沙遗址博物馆为例，在娱乐功能方面，其表现主要有以下四个方面：

第一，4D 电影。金沙遗址博物馆内的 4D 影院位于陈列馆负一楼。4D 电影《梦回金沙》采用高清数字电影机，银幕尺寸宽 12.8 米，高 7.5 米，108 个特效动感座椅，共施放捅背、耳风、滚珠、扫腿、喷水、座椅升降等 13 种特效，同时配有刮风、下雨、闪电、下雪、烟雾等多种环境特效。它可以引领观众穿越 3000 年的历史时空，重返美丽富饶的古蜀金沙，让观众身临其境地感受到数千年的奇妙世界，那里草木繁茂、鸟翔鱼跃、先民耕作渔猎、繁衍生息。

第二，餐饮服务。餐饮中心位于博物馆下层广场，总营业面积在 1000 平方米以上，能同时容纳两三百人就餐，这里可以举行中小型商务宴请、婚宴以及朋友聚会。独一无二的地理位置加上时尚独特的菜品，配合浪漫优雅的就餐环境，将传统与时尚、餐厅与酒吧完美结合。参观者在观赏结束后，可以到这里品味传统川菜和特色新派川菜、时尚川菜。金沙遗址博物馆在发掘川菜博大精深的文化底蕴的同时，对川菜进行改良和创新，带给广大消费者一种全新的口感，金沙文化深受成都市民和国内外游客的一致好评。

第三，旅游纪念品。以金沙遗址博物馆具有的历史文化资源为依托，开发生产出的纪念品具有实用、欣赏和收藏价值。尤其是以获得中国文化遗产标识的馆藏精品——"太阳神鸟金箔"为图案设计制作出的纪念品，以其独有的精美工艺、精湛的技术、深厚的历史内涵，给人以全新的视觉体验而深受国内外游客的欢迎。

第四，音乐剧。音乐剧《金沙》由成都市文化局、成都市广播电视局、成都日报报业集团等单位共同投巨资合力打造，长期在成都金沙遗址博物馆金沙剧场驻场演出。除了阵容庞大的演出团队和引人入胜的故事情节，《金沙》的舞台效果也别具看点。为了完美呈现金沙遗址神秘原始的古老氛围，金沙遗址博物馆开世界博物馆之先河，专门为其打造了金沙剧场。剧场内再现了 3000 年前的金沙王国场景：岩石峭壁、绿萝古蔓、星光点点、花开朵朵、冰雪漫漫……置身其间，观众宛如穿越"时空隧道"回到了 3000 年前的古蜀王国。

最近在复排后的演出中将还原中国远古祭祀表演，现场的观众将与演员进行 360 度的全景互动。在观众身边将穿梭着正在"打猎""劳作"的古蜀先民，耳边回荡着他们的吆喝售卖声。也许你正要和他们交谈，这些古蜀先民却突然定格，也许你正要去触摸他们，先民们却突然复活。此时此刻，身在金沙遗址，却已回到了 3000 年前，目睹着那繁华的金沙王都。欣赏金沙遗址博物馆内的音乐剧已经成为博物馆吸引参观者的一个重要的原因，在娱乐休闲活动越来越发达的今天，此项目也为该博物馆创造了良好的经济收益（魏萌萌、李冰，2016）。

5. 博物馆的信息功能

现代社会是一个信息化的社会，互联网的高度发展把全世界都紧密联系在一起。在这样的发展背景下，博物馆也逐步实现了数字化，这样一来，博物馆的服务对象不断扩大，功能不断丰富，也可以更为方便快捷地为公众提供更为优质的服务。目前，数字化博物馆和数字化档案馆及数字化图书馆被看作三大信息中心，可以为公众提供丰富的信息。在互联网上，只要在搜索引擎中输入"博物馆"三个字，就可以迅速搜索到数以百万计的博物馆方面的信息，这不仅极大地丰富了相关学者的研究视野，也为那些博物馆爱好者提供了更为方便快捷的信息渠道。现在，人们足不出户就可以遍览世界各地的博物馆，也可以很方便地获取大量的博物馆相关的图文资料。博物馆比以往任何一个时代都更贴近人心，都更贴近普通人的生活。

当然，要想更充分地发挥博物馆的各项功能，博物馆相关人员就要不断更新观念，不断地改革、进步和发展。

首先，博物馆要积极更新收藏观念，把收藏范围由"古董"文物扩大到人类社会生活的方方面面。除了继续挖掘和研究更多尚未出土的文物，博物馆还可以收集所有当代重大历史事件的见证物，同时，对于那些历史转型时期的社会上的方方面面的典型见证物也要加以保存和收藏，例如，当中央提出振兴东北老工业基地战略的时候，东北的博物馆关注到东北早期工业历史见证物。最近，长春伪满皇宫博物院征集一个美国生产的早期蒸汽机车头就在社会上引起了巨大的反响，以至于有上万人冒雨跟踪观看运输这件工业文物到博物馆！这就充分说明，当代普通大众对文物有着极其浓厚的兴趣。当然，博物馆的政府管理部门也可以利用政策引导，把某一有见证作用的废弃的工厂作为"原生态博物馆"或者"工业遗址博物馆"保存下来，东北地区有不少20世纪30年代的工业机械设备，在工厂设备更新过程中对失去使用价值的设备要有选择地征集到博物馆中来，丰富博物馆工业文物的不足，从而更好地发挥博物馆的收藏功能。

其次，为观众推出更多更好的展陈。现在中国的博物馆每年推出的展陈，仅文物系统的就多达8000余件。但这还是远远不够的。同时，博物馆还要尽量避免那些简单说教的图片式的低水平的展陈，在数量增加的基础上，向更好的精品展陈方向努力。精品陈列的评比要科学化、系列化。要多设单项奖，如博物馆展陈的前言，一向没有人太关注，但是前言的意义却是非同凡响的，好的前言可以激发游客浓厚的兴趣，引导他们更好地了解相关展示。因此，博物馆体系就可以设立最佳前言创作奖，甚至可以出版最佳前言集推广示范。精品陈列评选成就了一批社会上的装饰公司，在肯定它们的作用之外就是要从它们身上有所取，让其赞助精品陈列图集印刷，最终降低单册售价。

再次，加强对服务标准化和服务对象的研究。博物馆服务标准化包括"硬件"和"软件"两个方面，现在有些博物馆的硬件——卫生间已经达到旅游管理部门要求的星级标准，博物馆系统也要制定自己特有的一系列的服务标准，例如，展室空气洁净度、温湿度都要有范围限制。讲解员作为博物馆的形象大使要着装标准化、举止文明化、讲解个性化；有的博物馆规定一年365天，除天气原因外，每天讲解员都要在博物馆门前举行早晨操练仪式，值得推广。博物馆观众的满意度测量要成为一种制度。中国博物馆也要借鉴外国的博物馆公共项目评估做法，在中国建立博物馆社会评估机制，定期开展博物馆自评和他评，并把社会的评估以调研报告的形式公开出版，以达到社会监督作用。

最后，积极推进数字化博物馆建设。现在中国大陆有相当一些博物馆有了自己的网站，其他博物馆在国家有关部门推动下也在积极推动藏品数字化进程，为博物馆上网进行前期准备。我国文物局要在适当时机提出把数字化博物馆建设作为博物馆工作的中心环节。在筹建博物馆网站过程中要注意一点，就是要把开放的数据库建设放在中心位置考虑。要使用 net. ASP 技术构架网站，不采用过去那种必须由专业人员或者专门的部门来做更新网页工作。令博物馆保管、展陈和社会教育等业务部门人员各自负责更新自己的相关板块，这样观众就可以看更新率高的网页，例如，美国大都会艺术博物馆的藏品部征集的新藏品可以在最短时间内在网络上浏览到。另外，外文网页建设要加强，应尽量匹配上中文网页的更新，要能够向那些对中国博物馆感兴趣的外国游客提供更多了解中国博物馆的渠道，从而更好地向世界传播中国文化。

（三）博物馆的分类

随着科学技术的发展和社会的进步，人民对文化和精神享受的追求越来越高，为了让更多的人可以享受文化的"精神盛宴"，政府也是付出了很大的努力，博物馆的数量也在不断增加，种类也越来越繁多。根据博物馆的经费来源、服务对象、藏品定位、展出方式以及教育活动目标，可以把博物馆划分为不同类型。

外国博物馆主要是西方博物馆，一般划分为艺术博物馆、历史博物馆、科学博物馆和特殊博物馆四类。艺术博物馆包括绘画、雕刻、装饰艺术、实用艺术和工业艺术博物馆。也有把古物、民俗和原始艺术的博物馆包括进去的。有些艺术馆，还展示现代艺术，如电影、戏剧和音乐等。世界著名的艺术博物馆有卢浮宫博物馆、大都会艺术博物馆、俄罗斯国立艾尔米塔什博物馆等。历史博物馆包括国家历史、文化历史的博物馆，在考古遗址、历史名胜或古战场上修建起来的博物馆也属于这一类。墨西哥国立人类学博物馆、秘鲁国立人类考古学博物馆是著名的历史类博物馆。科学博物馆包括自然历史博物馆，内容涉及天体、植物、动物、矿物、自然科学，实用科学和技术科学的博物馆也属于这一类。英国自然历史博物馆、美国自然历史博物馆、巴黎发现宫等都属此类。特殊博物馆包括露天博物馆、儿童博物馆、乡土博物馆，乡土博物馆的内容涉及这个地区的自然、历史和艺术。著名的有布鲁克林儿童博物馆、斯坎森露天博物馆等。

中国博物馆在 1988 年前被划分为专门性博物馆、纪念性博物馆和综合性博物馆三类，国家统计局也是按照这三类博物馆来分别统计公布发展数字的。在现阶段，参照国际上一般使用的分类法，根据中国的实际情况，可以将中国博物馆划分为历史类、艺术类、科学和技术类、综合类这四大类型的博物馆。

1. 历史类博物馆

历史类博物馆，以历史的观点来展示藏品，是指提供历史动态、文物藏品、文物照片和专业书籍介绍的博物馆。以历史文物保存、展示与介绍、尽量发挥现代的艺术文物、吸收世界各国古今的文化艺术并加以介绍为宗旨。在中国大陆，历史博物馆有时也被认为是原中国历史博物馆（现中国国家博物馆）的简称，在台湾省台北市另有博物馆名为"历史博物馆"。典型代表有中国历史博物馆、中国革命博物馆、西安半坡遗址博物馆、秦始皇兵马俑博物馆、泉州海外交通史博物馆、景德镇陶瓷历史博物馆、北京鲁迅博物馆、韶山毛泽东同志纪念馆、中国共产党第一次全国代表大会会址纪念馆等。

2. 艺术类博物馆

艺术类博物馆主要展示藏品的艺术和美学价值，如故宫博物院、南阳汉画馆、广东民间工艺馆、北京大钟寺古钟博物馆、徐悲鸿纪念馆、天津戏剧博物馆、厦门鼓浪屿钢琴博物馆等。例如，京博文化艺术博物馆现已具备了中国最具权威、收藏质量最高的楹联藏品体系，藏品包括明代、清代以及近现代的帝王、重臣、状元、政治家、书画篆刻家、著名书画家、历史名人七个系列的精品力作共四千余副。楹联书法是书法艺术中重要且独特的艺术形式和载体，兼具多种艺术表现形式，无论从审美还是从历史文化角度，都有极高的价值。作为研习中国传统书法的专业艺术平台，其在发挥和传承中国传统书法艺术方面都有很高的教育价值。此外，博物馆收录的齐白石、张大千、徐悲鸿等著名书画家的 22 幅作品入选了《20 世纪美术作品国家档案》。京博文化艺术博物馆汇集中国孝文化、佛文化、戏文化、儒家文化、兵家文化、民俗文化、书画艺术、楹联艺术等中华民族文化精粹，不仅可以对珍贵的文化遗产进行更好的保护和传承，也能够较好地集中展示和弘扬中华民族的文化精髓，使其成为当地一张响当当的文化名片，带动一方文化、旅游及产业的发展，为子孙后代留下宝贵的文化遗产。

3. 科学和技术类博物馆

科学和技术类博物馆包括科技博物馆、自然历史博物馆、天文馆、专业科技博物馆、地质博物馆、水族馆、保护区。

科技博物馆以立体的方法从宏观或微观方面展示最新的科技成果，反映科学原理及技术应用，鼓励公众动手探索实践，是实施科教兴国战略和人才强国战略、提高全民族科学文化素质的基地。通过科学性、知识性、趣味性相结合的展览和互动，不仅可以普及科学知识，还可以培养观众的科学思想、科学方法和科学精神。典型代表有中国科学技术馆、上海科技馆、河南省科技馆、天津科学技术馆、河北省科学技术馆、山西省科学技术馆等。

自然历史博物馆以分类、发展或生态的方法展示自然界，如中国地质博物馆、北京自然博物馆、自贡恐龙博物馆、台北昆虫科学博物馆、柳州白莲洞洞穴科学博物馆等。1980 年成立中国自然科学博物馆协会，1992 年，在协会的第三届理事会上又设立了自然历史博物馆专业委员会。自设立以来，自然历史博物馆专业委员会始终把关系到人类可持续发展的环境教育放在首位，在生物多样性保护中发挥重要作用，并致力于自然科学博物馆的理论与实践研究；同时，自然历史博物馆专业委员会汇聚国内外博物馆人对博物馆的多元思考，适时举办高级学术研讨会，促进中国自然史博物馆快速发展。

4. 综合类博物馆

综合类博物馆综合展示地方自然、历史、革命史、艺术方面的藏品等地域性的综合性资料，这种类型的博物馆一般属于地志类展示。地志类展示是一种关于某一地区的历史性展示类型，它是一般史类展示的补充和丰富。在我国，这类展示类型主要集中在省、直辖市、自治区的博物馆以及部分地级市博物馆中。处于民族地区的地志类展示，还包括相关的民族内容，如苏州博物馆、广东省博物馆、山西博物院、南通博物苑、山东省博物馆、湖南省博物馆、内蒙古自治区博物馆、黑龙江省博物馆、甘肃省博物馆等。

（四）博物馆的陈列形式

陈列形式是设计者与观众进行交流的方法和途径。从不同形式的博物馆自身出发，充分利用现代科学技术来增强或突出展品，实物陈列与数字化陈列成为主流。

实物陈列博物馆，是人们所熟悉的地面建筑形式博物馆。无论博物馆的建筑设计，还是馆藏展陈，都独具匠心，有自己独特的想法和理念。

数字博物馆，是运用虚拟现实技术、三维图形图像技术、计算机网络技术、立体显示系统、互动娱乐技术、特种视效技术，将现实存在的实体博物馆以三维立体的形式完整呈现在网络上的博物馆，参观者能在虚拟的博物馆中随意游览，观看馆内各种藏品的三维仿真展示，查看各种藏品的相关信息资料。通过数据库检索可以查阅馆内各类藏品的统计信息。数字博物馆的意义在于利用虚拟现实技术把枯燥的数据变成鲜活的模型，使实物陈列博物馆的职能得以更充分地实现。从而引领博物馆进入公众可参与交互式的新时代，引发观众浓厚的兴趣，从而达到科普和教育的目的。数字博物馆正在世界范围内形成一种不可阻挡的发展势头。无论是实物陈列博物馆还是数字博物馆，两种形式之间有着很大相关性和独立性。

与实物陈列博物馆相比较，数字博物馆具有信息实体虚拟化、信息资源数字化、信息传递网络化、信息利用共享化、信息提供智能化、信息展示多样化等特点。在这里，最为关键的是信息实体虚拟化，即数字博物馆的一切活动，都是对实物陈列博物馆工作职能的虚拟体现，都以实物陈列博物馆为依托，同时又反过来作用于实物陈列博物馆，是对其职能的拓展和延伸。

（五）博物馆的发展情况

随着全国博物馆、纪念馆、美术馆、公共图书馆、文化馆（站）免费开放的力度不断加大，越来越多的民众享受到这种公共福利。有些省份博物馆观众增量达到免费开放前的数倍。观众结构也呈多元化趋势，其中低收入群体、老人、外来务工人员和残疾人等观众群体明显增加。

据《中国博物馆行业转型升级与前景预测分析报告前瞻》显示，2008年初，全国博物馆免费开放全面启动，中央财政每年安排免费开放专项经费20亿元。自此，博物馆融入社会的步伐得以加快，博物馆的文化辐射力和社会关注度得到空前提高，公共文化服务能力和社会效益得到进一步增强。

尽管中国博物馆建设已经取得较好成绩，但与西方发达国家相比，其发展水平和社会影响力还有待提高。前瞻网当时预计"十二五"期间，中国将构建以中央、地方共建国家级博物馆和一、二、三级博物馆为骨干，国有博物馆为主体，专题性博物馆和民办博物馆为补充的博物馆体系，形成辐射全国、面向世界的博物馆资源共享平台。

而就数字博物馆的发展方向而言，根据预测，数字博物馆的建设必将超越博物馆的围墙，融入社会文化生活和社会全面发展的潮流之中，来自各方面的力量都能参与其中，发挥作用。

数字博物馆将更具知识化的形象，智能地提供社会发展所需的文化信息，充当社会教育的主要力量。

数字博物馆必将采用更丰富、更经济的展示手段，寓传承文明于轻松娱乐之中，满足民众日益增长的文化生活的需要。

数字博物馆创建、发展的主体将由博物馆转移至用户，其单向传播的模式必为双向、多向传播所取代，个性化的"人人"的博物馆会不断涌现。

数字博物馆将突出体现共建、共享的特性，将资源整合并建成宏大的平台，为弘扬中华文化和培养文化认同担任中坚力量。

二、中国"五大博物馆"简介

近年来，博物馆事业蓬勃发展，大大小小的博物馆遍布全国各地。尽管大家心目中最著名的博物馆也许定位并不一致，但是，根据博物馆本身的历史意义及馆藏文物的文化价值，大家却可以有一个大致相同的评价。2012 年，有研究对中国最为著名的二十大博物馆进行了排名，其中，比较具有代表性的五大著名历史博物馆为：北京故宫博物院、中国国家博物馆、台北故宫博物院、陕西历史博物馆和河南博物院。历史博物馆是了解一个国家或者一个地方历史的重要场所，这些历史博物馆一般收藏着很多古代的珍贵文物，是了解历史的最好见证。

（一）北京故宫博物院①

故宫博物院（见图 1-1）既是明清故宫（紫禁城）建筑群与宫廷史迹的保护管理机构，也是以明清皇室旧藏文物为基础的中国古代文化艺术品的收藏、研究和展示机构，位于北京故宫即紫禁城内，建立于 1925 年 10 月 10 日，是中国首屈一指的历史博物馆，也是中国最大的古代文化艺术博物馆，同时也是第一批全国爱国主义教育示范基地、第一批全

---

① 资料来源：故宫博物院官网，http://www.dpm.org.cn/Home.html。

国重点文物保护单位、第一批国家 5A 级旅游景区，1987 年入选《世界遗产名录》。走进故宫博物院，沿中轴线前行，从起伏跌宕的建筑乐章中可以感受盛世皇朝的博大胸怀；可以通过东西六宫精巧的陈设和内廷园囿雅致的格局，捕捉宫廷生活的温婉气息；可以从养心殿东暖阁卷起的黄纱帘中，追溯百年前中华民族内忧外患的历史沧桑。

图 1-1　北京故宫博物院

资料来源：360 图片。

作为明朝和清朝两代皇宫，故宫可谓是聚集了天下的金翠珠玉、奇珍异宝、珍贵图书典籍、文献档案，现有藏品总量已达 180 余万件（套），以明清宫廷文物类藏品、古建类藏品、图书类藏品为主。其院藏文物体系完备、涵盖古今、品质精良、品类丰富。藏品总分 25 种大类别，其中一级藏品 8000 余件（套），堪称艺术的宝库。漫步在故宫博物院的常设文物专馆，或者欣赏频繁推出的专题文物展览，游客可以更完整地了解中华民族历史文化和工艺美术的伟大成就。

故宫博物院是一座特殊的博物馆，作为明清两朝皇宫，昔日皇宫禁地那占地 112 万平方米的重重宫阙，既是收藏明清皇室珍宝的巨大宝库，也是记载明清宫廷历史的鲜活档案，是世界上规模最大、保存最完整的木结构宫殿建筑群。历经 500 年兴衰荣辱，帝王宫殿的大门终于向公众敞开。紫禁城南北长 961 米，东西宽 753 米，四面围有高 10 米的城墙，城外有宽 52 米的护城河，真可谓有金城汤池之固。紫禁城有四座城门，南面为午门，北面为神武门，东面为东华门，西面为西华门。城墙的四角，各有一座风姿绰约的角楼，民间有"九梁十八柱七十二条脊"之说，形容其结构的复杂。紫禁城内的建筑分为外朝和内廷两部分。外朝的中心为太和殿、中和殿、保和殿，统称"三大殿"，是国家举行大典礼的地方。三大殿左右两翼辅以文华殿、武英殿两组建筑。内廷的中心是乾清宫、交泰殿、坤宁宫，统称"后三宫"，是皇帝和皇后居住的正宫。其后为御花园。"后三宫"两侧排列着东、西六宫，是后妃们居住休息的地方。东六宫东侧是天穹宝殿等佛堂建筑，西六宫西侧是中正殿等佛堂建筑。外朝、内廷之外还有外东路、外西路两部分建筑。

曾经，受经济条件和技术手段的限制，故宫博物院与昔日殿宇重重的帝王宫殿一样，似乎总是蒙着神秘的面纱。但是，近十年来，步入信息化时代的故宫博物院，利用最先进的数字化技术和设备，在虚拟的时空中建立起一座和紫禁城同样辉煌的"数字故宫"。将紫禁城里取之不尽的文化资源尽数呈现在观众的面前，让普通人可以走进故宫，感受故宫的壮观，欣赏中华文化的瑰宝。

故宫是中华民族的骄傲所在，也是全人类的珍贵文化遗产。

（二）中国国家博物馆

中国国家博物馆（National Museum of China）（见图 1-2），简称"国博"，位于北京市中心天安门广场东侧，东长安街南侧，与人民大会堂相对称布局，是在原中国历史博物馆和原中国革命博物馆的基础上组建而成的。1961 年 7 月 1 日，中国革命博物馆开馆；2003 年 2 月 28 日，中国国家博物馆正式挂牌成立，直属文化部。

中国国家博物馆是一座以历史与艺术为主、系统展示中华民族悠久

图 1-2　中国国家博物馆

资料来源：360 图片。

文化历史的综合性博物馆。集文物征集、考古、收藏、研究、展示于一身，系统收藏反映中国古代、近现代、当代历史的珍贵文物，展出中国最顶级的文物，经常能在历史教科书中见到。

美国主题娱乐协会（Themed Entertainment Association，TEA）和国际专业技术与管理咨询服务提供商 AECOM 的经济部门合作撰写了《2016主题公园指数和博物馆指数报告》。该报告历年统计数据显示，中国国家博物馆的文化影响力和观众吸引力连续三年持续快速增长。2014 年在世界最受欢迎的博物馆中位居第三，2015 年上升为第二，仅排在法国卢浮宫博物馆之后，2016 年以 755 万参观人数位居第一，成为全世界人气最旺、最受欢迎的博物馆。①

中国国家博物馆是代表国家征集、收藏、保管、展示、阐释能够充

---

① 资料来源：https://baike.so.com/doc/3060661-3226237.html。

分反映中华优秀传统文化、革命文化和社会主义先进文化代表性物证的最高机构，是国家最高历史文化艺术殿堂和文化客厅。2014 年 11 月 29 日，习近平总书记率领十八届中央政治局常委和中央书记处的同志来到中国国家博物馆参观"复兴之路"基本陈列，发出实现中华民族伟大复兴中国梦的伟大号召，中国特色社会主义新时代在这里扬帆启程。2018 年 11 月 13 日，习近平总书记等中央领导同志来到中国国家博物馆参观"伟大的变革——庆祝改革开放 40 周年大型展览"，要求通过展览教育引导广大干部群众更加深刻地认识到中国共产党、中国人民和中国特色社会主义的伟大力量，更加深刻地认识到我们党的理论是正确的、党中央确定的改革开放路线方针是正确的、改革开放的一系列战略部署是正确的，更加深刻地认识到改革开放和社会主义现代化建设的光明前景，统一思想、凝聚共识、鼓舞斗志、团结奋斗，坚定跟党走中国特色社会主义道路、改革开放道路的信心和决心。

中国国家博物馆的前身可追溯至 1912 年成立的国立历史博物馆筹备处。2003 年根据中央决定，中国历史博物馆和中国革命博物馆合并组建成为中国国家博物馆。2007 年，中国国家博物馆启动改扩建工程，2011 年 3 月新馆建成开放。新馆建筑保留了原有老建筑西、北、南建筑立面，总用地面积为 7 万平方米，建筑高度 42.5 米，地上 5 层，地下 2 层，展厅 48 个，建筑面积近 20 万平方米，是世界上单体建筑面积最大的博物馆。

中国国家博物馆现有藏品数量 140 余万件，涵盖古代文物、近现代文物、图书古籍善本、艺术品等多种门类。其中，古代文物藏品 81.5 万件（套），近现代文物藏品 34 万件（套），图书古籍善本 24 万余件（册），共有一级文物近 6000 件（套）。近年来特别是党的十九大以来，中国国家博物馆加大反映革命文化、当代先进文化代表性物证的征集力度，面向社会公开征集文物藏品，每年平均征集古代文物 50 件（套）左右，近现代文物、实物和艺术品 1000 余件（套）。

中国国家博物馆展览包括基本陈列、专题展览、临时展览三大系列，构成涵盖主题展览、基本陈列、专题展览、临时展览的立体化展览体系。其中，"古代中国"、"复兴之路"和"复兴之路·新时代部分"为国家博物馆的基本陈列，也是弘扬中华优秀传统文化、革命文化、社会主义先进文化，培育和践行社会主义核心价值观的重要阵地。专题展览主要以馆藏文物为基础，包括中国古代青铜器、佛造像、玉器、瓷器、国礼、现代经典美术作品、非洲木雕等十余个专题展览。临时展览包括自主策划展览和引进交流展览两大类，覆盖历史文化、精品文物、考古发现、经典美术作品、地域文化和国际交流等多个方面，年均办展40余个。2018年国家博物馆观众人数达861余万人，创造观众参观历史新高，是世界上最受欢迎的博物馆之一。特别是在"伟大的变革——庆祝改革开放40周年大型展览"举办期间，国家博物馆接待观众达423余万人次。这一集中展示中华大地40年人间奇迹与磅礴巨变的展览，不仅成为海内外媒体关注的焦点，更刷新了一项项布展、观展、反响纪录，树立了大型展览活动的新标杆。

中国国家博物馆拥有丰富的研究资源、扎实的研究基础和雄厚的研究力量，是国内博物馆事业发展的行业"头雁"。

2018年以来，中国国家博物馆深入贯彻落实以习近平同志为核心的党中央重大决策部署，全面深化改革，奋力开拓创新，按照"不求所藏、但求所展，开放合作、互利共赢"的原则，与国内外多家文博机构、院所高校等建立战略合作关系，联合开展学术研究，举办文物精品展览，召开研讨会，启动博士后科研工作站，牵头成立金砖国家博物馆联盟和丝绸之路博物馆联盟两个国际组织，努力在弘扬社会主义核心价值观、增强文化自信、促进中外文明交流互鉴、建设社会主义文化强国方面发挥更大作用，做出更大贡献。①

中国国家博物馆已经走过百年的光辉历程。百年来中国国家博物馆积淀了深厚的历史文化底蕴，已发展成为中国博物馆事业的旗舰。这里

---

① 资料来源：中国国家博物馆官网，http：//www.chnmuseum.cn/gbgk/gbjj/。

记载着中华民族五千年文明足迹，展示着伟大祖国的历史文化艺术和社会发展的光辉成就，是中华儿女传承历史、开拓未来的精神家园。同时，这里也是中华文明与世界文明对话的重要窗口，是展示整个人类文明的宏伟殿堂。

（三）台北故宫博物院

台北故宫博物院（National Palace Museum）（见图1-3），又称台北故宫或中山博物院。位于台湾省台北市郊阳明山脚下，是台湾地区规模最大的博物馆，也是古代中国艺术史和汉学研究重地，更是中国著名的历史与文化艺术史博物馆。

图1-3 台北故宫博物院

资料来源：360图片。

台北故宫博物院建造于1962年，1965年夏落成。占地总面积约16公顷，依山傍水，气势宏伟。其为中国宫殿式建筑，主体建筑共4层，白墙绿瓦，正院呈梅花形。台北故宫博物院的建筑设计吸收了中国传统的宫殿建筑形式，淡蓝色的琉璃瓦屋顶覆盖着米黄色墙壁，洁白的白石栏杆环绕在青石基台之上，风格清丽典雅。院前广场耸立五间六柱冲天式牌坊，气势宏伟，整座建筑庄重典雅，富有民族特色。

台北故宫博物院藏品分为书法、古画、碑帖、铜器、玉器、陶瓷、文房用具、雕漆、珐琅器、雕刻、杂项、刺绣及缂丝、图书、文献 14 类，共收藏、展出 1000 多年来宋至清历朝皇帝推崇艺术、广泛收集的稀世珍品 70 万件，价值连城的极品更是数以千计，如铜器中的西周毛公鼎、散氏盘；玉器中的翠玉白菜、辟邪雕刻（六朝古墓出土）；书法中的王羲之《快雪时晴帖》；颜真卿、宋徽宗（赵佶）书法手迹；画卷中的张宏《华子冈图》；中唐至清历代名家的代表作；瓷器中的宋、明、清名窑名家亲制品，官窑制御用艺瓷等，还有大量秘而不宣的国宝级文物。

台北故宫博物院收藏的文物许多源自原南京"国立中央博物院"、原北平故宫博物院、原沈阳故宫及原热河行宫，这些文物是原北平故宫博物院文物的一部分，两院只有合在一起，才是一个完整的故宫。[①]

（四）陕西历史博物馆

三秦大地是中华民族生息、繁衍，华夏文明诞生、发展的重要地区之一，中国历史上最为辉煌的周、秦、汉、唐等 13 个王朝曾在这里建都。丰富的文化遗存，深厚的文化积淀，形成了陕西独特的历史文化风貌，被誉为"古都明珠，华夏宝库"的陕西历史博物馆（见图 1-4）则是展示陕西历史文化和中国古代文明的艺术殿堂。

陕西历史博物馆位于西安大雁塔的西北侧，筹建于 1983 年，1991 年 6 月 20 日落成开放，是中国第一座大型现代化国家级博物馆，前身可以追溯到 1909 年成立的陕西"劝工陈列所"，它的建成标志着中国博物馆

---

① 资料来源：http://wanga38828.honpu.com/。

图 1-4　陕西历史博物馆

事业迈入了新的发展里程。这座馆舍为"中央殿堂、四隅崇楼"的唐风建筑群，主次井然有序，高低错落有致，气势雄浑庄重，融民族传统、地方特色和时代精神于一体。馆区占地 65000 平方米，建筑面积 55600 平方米，文物库区面积 8000 平方米，展厅面积 1100 平方米，馆藏文物 1717950 件（组）。上起远古人类初始阶段使用的简单石器，下至 1840 年前社会生活中的各类器物，时间跨度长达 100 多万年。文物不仅数量多、种类全，而且品位高、价值广，其中的商周青铜器精美绝伦，历代陶俑千姿百态，汉唐金银器独步全国，唐墓壁画举世无双。可谓琳琅满目、精品荟萃。

陕西历史博物馆是一座综合性历史类博物馆。1973 年，周恩来总理到陕西视察时，有感于陕西丰富的文物资源和已有博物馆小而简陋的状况，提出应在陕西建一座新博物馆的指示。1983 年开始筹建陕西历史博物馆，并归属国家"七五"计划重点建设项目。鉴于陕西在中国历史上的地位，国家和陕西省政府共同投资 1.44 亿元人民币兴建陕西历史博物馆，并由中国工程院院士、著名建筑设计师张锦秋女士负责陕西历史博物馆馆舍的设计。1991 年 6 月 20 日，陕西历史博物馆落成，并正式对外开放。其外观着意突出了盛唐风采，布局凸显"轴线对称，主从有序；中央殿堂，四隅崇楼"的结构特点。把唐代古典建筑风格与现代博物馆功能相结合，融中国古代宫殿与庭院建筑风格于一体。主次井然有序，高低错落有致，气势雄浑庄重，融民族传统、地方特色和时代精神于一体。

开馆以来，陕西历史博物馆充分发挥文物藏品优势，坚持"有效保护、合理利用、加强管理"的原则，把收藏保管、科学研究和宣传教育功能有机结合，举办了各种形式的陈列展览，形成了基本陈列、专题陈列和临时展览互为补充、交相辉映的陈列体系，从多角度、多侧面向广大观众揭示历史文物的丰富文化内涵，展现华夏民族博大精深的文明成就。同时，以开放的姿态走出国门，将灿烂辉煌的中华文明、光彩夺目的三秦文化呈现给世界各国人民。[1]

作为被首批确定为中国"AAAA"级旅游景点的陕西历史博物馆，以其优上的陈列、优美的环境、优质的服务、优良的秩序和独特的魅力，吸引着众多中外宾客纷至沓来，已成为传播中华民族优秀文化和对外文化交流的重要窗口。在 21 世纪，这座汇集着三秦大地文物精华的文化殿堂，将会以充满生机和活力的崭新面貌，为中华文化复兴以及人类文明的交流互鉴做出更大的贡献。

（五）河南博物院

河南博物院（见图 1-5）位于河南省郑州市农业路，前身为河南省博物馆，馆藏文物 14 万件，史前文物、商周青铜器、历代陶瓷器、玉器最具特色。这些历史文物文化艺术价值极高，一部分藏品被誉为"国之重器"。其中，镇院之宝"莲鹤方壶"和"云纹铜禁"是我国青铜器中

---

[1] 资料来源：陕西历史博物馆官网，http://www.sxhm.com/index.php? ac = article&at = list&tid = 230。

的极品，也是国家文物局规定永久不准出国展出的国宝。

图 1-5　河南博物院

资料来源：360 图片。

河南博物院为国家级重点博物馆，是中国建立较早的博物馆之一，也是首批中央、地方共建国家级博物馆之一。

河南博物院前身为河南省博物馆，其在冯玉祥主导下，始建于民国十六年（1927 年），旧址位于开封市龙亭区三胜街 31 号。馆址几经变更，1961 年迁至郑州，新馆于 1998 年 5 月 1 日落成开放。

展馆面积 1 万余平方米，建筑面积 7.8 万平方米，累计投资近 3 亿元人民币，历时五年建成。主体展馆位于院区中央，呈金字塔形，后为文物库房，四隅分布有电教楼、综合服务楼、办公楼、培训楼等。整体建筑结构严谨、气势宏伟，造型古朴典雅，具有独特的艺术风格，同时也体现了中原文化的特点。

馆藏文物 14 万件。馆藏文物多来自 20 世纪初商丘、洛阳、安阳、开封、淅川、三门峡、辉县、新郑等地的考古发掘，史前文物、商周青铜器、历代陶瓷器、玉器最具特色。其中国家一级文物与国家二级文物5000余件。抗日战争期间，河南博物院的部分珍贵文物几经辗转最终被珍藏在台湾"国立"历史博物馆。

河南博物院包括广场、序幕大厅、基本陈列馆、专题陈列馆、临时陈列馆、文物库房、学术报告厅、电教楼、观众参与和娱乐厅、观众餐饮茶座、观众休息厅、贵宾接待、河南博物院室、纪念品商场、广播室、计算机中心、文物保护中心、图书资料馆和培训服务楼等部分。建筑群外部还设计有40%左右的园林绿地，形成"馆中园、园中馆"的优美格局。

主展馆主体建筑以元代古观星台（中国现存最早的天文台遗址，位于河南登封）为原型，经艺术夸张演绎成"戴冠的金字塔"造型，其底部为长63米的正方形，高45.5米，内部设计五层，其中地下一层。冠部为方斗形，上扬下覆，取上承"甘露"、下纳"地气"之意，寓意中原为华夏之源，融汇四方。外部墙面为土黄褐色，取中原"黄土""黄河"孕育了华夏文明之意，主馆正面从上至下有浅蓝色的透明窗与自上而下的透明采光带，具有"黄河之水天上来"的磅礴气势。

主馆后为文物库房。整个建筑群设计以雄浑博大的"中原之气"为核心，线条简洁遒劲，造型新颖别致，风格独特，气势恢宏。

河南博物院以"发扬固有文化、提倡学术研究、增长民众知识、促进社会文明"为建院宗旨，以建设"国内领先、世界一流"博物馆为目标，不断提高公共文化服务水平，精心打造公益文化服务品牌，是领略中原文化魅力的重要窗口，增进文化交流合作的重要桥梁。[①]

---

① 资料来源：河南博物院官网，http://www.chnmus.net/sitesources/hnsbwy/page_pc/bygl/byjj/index.html##。

三、中国博物馆的国际化

在经济全球化的今天，中国博物馆不能一味炫耀古董的名贵和时代的古老，不能仅仅把历史文化遗产的简单呈现和研究作为自己的主要目的，而是应该以开放性、创造性的姿态，让历史文化遗产积极地融入现代文明之中并通向未来，以包容的态度，不仅面向中国大众，也要面向世界。中国博物馆要时刻牢记：人类历史发展的过程，就是各种文明不断交流、融合、创新的过程，加强文明对话，有利于各国、各民族之间的相互了解和相互学习，有利于不同文化之间的良好沟通，从而促进世界的和平与发展。从这个意义上来讲，中国博物馆的国际化可谓意义重大。

从中国博物馆已经走过的道路，特别是近30年来中国博物馆走向国际化进程的基本经验和同国际博物馆间的交流来看，国际化进程和交流一方面使我们学会了用世界的眼光看待中国文化，在人类文明发展的长河中，深刻认识和发挥中国博物馆在全球的地位与作用。诚然，中华文化源远流长、博大精深，为人类文明做出过重大贡献，这是毋庸置疑的。然而，我们也要清醒地知道，中国自1840年甚至更早一点开始，已经落后于先进发达国家，这也是不争的事实。另一方面，我们也要看到，其他国家和地区同样也有过辉煌的历史和璀璨的文明，也曾为人类文明做出过重大贡献，这也是不容否认的事实。因此，我们绝不能夜郎自大、坐井观天，也不能妄自菲薄、失去自信。尤其是在经济全球化、政治多极化、文化多元化的时代，更要保持清醒的头脑，坚持自己的文化特色，发展文化的多样性，实现文化自觉"各美其美，美人之美，美美与共，世界大同"。中国文化自古就有开放性、包容性的博大胸襟，在社会主义先进文化建设中，更要具备宽广的胸怀，既要弘扬中国优秀传统文化，也要善于学习他国的先进文化，只有放眼世界，善于学习，才会有更大的发展。另外通过国际化进程和交流,架起中国人民同世界各国人民之间的友谊桥梁,为和谐世界的建立创造了良好的氛围。改革开放以来,无论是我国在各国举办的文物展览,还是国外博物馆在我国举办的展览,都成功地搭建了不同文化、不同文明平等对话的平台,促进了学术交流和人员交往,增进了彼此的了解和友谊(张文彬,2006)。

然而,从中国博物馆的现状来看,其国际化还有很长的路要走,这是一个漫长的历史过程。尽管在世界舞台上中国博物馆拥有重要的地位,但是,中国博物馆里丰富的文化元素还没有办法得到广泛的认识和了解。

第二章

博物馆里的文化

——"中国元素"

中国博物馆是中国文化的宝库，是世界了解中国传统文化的一个重要窗口。但是，到底什么是文化呢？中国博物馆想要展示的又是什么呢？如何帮助游客更好地了解中国文化呢？

这些问题的确很难用三言两语来清晰作答。

文化是中国餐桌上的饕餮盛宴，也是美国快餐店里薯条配番茄酱的经典组合；是中国的京剧，也是美国的乡村音乐；是中国传统大家庭里四世同堂的天伦之乐，也是丁克家庭的怡然自得。

文化究竟是人类闲暇时光的活动？还是人类共享的价值、观念、信仰？是一种心理状态？还是一种生活方式？

一般认为，文化是饮食、服装、音乐、艺术；是等级观念、肢体语言、人际关系；是审美判断、道德准则、价值观念。文化，如同空气一样弥漫在我们的周围，方方面面延伸开去。我们生活在其中，有时却难以察觉文化的存在，难以给它下一个统一接受的定义，却又你中有我，我中有你，成为我们生活中不可或缺的存在；文化就像楚河汉界一样，通过种种文化差异区分着"我们"和"他们"。

一、文化的概念

长期以来，文化的概念一直是众说纷纭。人们普遍认为文化无处不在、无所不包，正因为其内涵丰富、外延不明，大家观测和考虑问题的角度也不尽相同，因此，文化的概念相当繁杂：文化是"人类知识和行为的总体",是"生活方式",是"社会生活的一切方面",是"价值观念体系",是"象征性的习惯行为",也是"艺术、政治、经济、教育、修养、文学、语言、思维的总和"……(贾玉新,1997:16)可以说,文化学家、人类学家、社会语言学家都分别对文化做出了自己的阐释,这些阐释有相通之处,却也有各自不同的理解和认识。在此,笔者研究的主要是博物馆文本翻译的跨文化传播,所以,对翻译的概念也主要从以下两个方面来考量:

一方面,社会语言学家古德诺夫(Goodenough H.)对文化的定义是:文化是人们为了使自己的生活方式被社会的其他成员所接受,所必须知晓和相信的一切组成。作为人们不得不学习的一种有别于生物遗传的东西,文化必须由学习的终端产品——知识——组成(贾玉新,1997:17)。概括来讲,文化即是人们所思、所言(言语和非言语)、所为、所觉的总和。因此,生活环境的种种差异和历史经历的迥然不同使不同的民族拥有自己不同于其他民族的独特文化。然而,当今社会,在经济全球化背景之下,不同的民族又需要进行全方位的沟通和交流,因此,就需要对对方的文化知识加强学习,增进了解。这也正是博物馆文本翻译研究的价值所在:通过博物馆文本翻译,更好地将自己的民族文化介绍出去,从而帮助其他民族更好地了解和认识自己,以求更为有效地进行跨文化沟通和传播。

另一方面,艾里斯·瓦尔纳(Iris Varner)和琳达·比墨(Linda Beamer)在《跨文化沟通》(*Intercultural Communication in the Global Workplace*)一书中也指出:Cultural is the coherent, learned, shared view of a group of people about life's concerns, expressed in symbols and activities, that ranks what is important, furnishes attitudes about what things are appropriate, and dictates behavior(Varner & Beamer,2014:10)。在这两位学者看来,文化是一个群体对生活中大家共同关注的东西共有的认识,它以行为和符号的形式展现出来,决定着事物的轻重缓急,也决定着行为的恰当与否。当然,这种认识是后天习得的,从过去到现在是连贯的。

根据这一观点，文化的特征可以概括如下：

首先，对于一个群体来讲，文化是一个从过去到现在相互关联的完整存在。尽管文化不是静止不变的，但是文化的连贯性却是显而易见的。从中国博物馆来讲，上下五千年，大家对很多事物的观点并没有改变，例如，自古以来，龙始终是整个中华民族的图腾，很多文物和建筑上面的龙形花纹都说明了这一点；从普通大众的文化态度来讲，红色始终是喜庆的象征；松、鹤就是长寿；数字"九"就代表了"长长久久"；等等。所有这些都是中国的文化元素，在博物馆文本翻译的过程中，都是不可忽视的存在。

其次，文化不是与生俱来的，而是后天习得的知识。这就为跨文化交流和传播提供了可行性理论支撑。博物馆里的文物都蕴含着丰富的文化信息，为了更好地帮助中国走向世界，让中国在世界舞台上得到更为客观的理解和认同，博物馆里的文化元素都是重要的文化使者，承担着传承文化、建立中国良好国际形象的重要职责。

最后，文化是一个社会或者群体所共享的。但是，不同的社会群体对一种文化现象却可能有截然不同的认识，这就会为跨文化交流制造很大的障碍。为了克服这一障碍，大家就要克服民族中心主义，要意识到某些文化元素只是自己一个群体内部所共享的，却不一定能够得到另外一个群体的理解和认同。不要想当然地认为自己的文化就是大家都理解的。那么，在博物馆文本翻译的过程中，译者就需要对博物馆里的文化元素加以仔细考察，想方设法将自己的文化用别人可以理解和接受的方式介绍出去，从而实现真正意义的跨文化传播和交流。

二、文化的渊源

文化，英文对应词汇为"culture"，源自拉丁语动词"colo"（培育），最初是指培育可见的东西，例如庄稼，后来才引申到培育人的心灵，指对人的能力的培养和训练，使之超越单纯的自然状态。截止到 17、18 世纪，这一概念的内涵也有了相当大的扩展，指一切通过人为的力量施加在自然物之上的成果，即文化是指一切文化产品的总和。

汉语里的"文化"乃是"人文化成"一语的缩写。《易·象传》中有语："小利而攸往，刚柔交错，天文也；文明以止，人文也。观乎天文，以察时变，观乎人文，以化成天下。"所谓文，就是指一切现象或形相。

天文就是指自然现象，也就是由阴阳、刚柔、正负、雌雄等两极力量交互作用而形成的错综复杂、多彩多姿的自然世界。

所谓人文，就是指自然现象经过人的认识、点化、改造、重组的活动。

人文活动可以分为两个层次：第一个是认识层次，第二个是运用层次。对一切已存在的自然现象加以观察、认识、了解，使之凝结为确定的知识，便是初级的人文活动，也就是前引《易经》文中的"文明以止"的意思。这一级别的人文活动，其目的与意义是为进级的人文活动打好基础、做好准备。进级的人文活动便是运用由初级人文活动中所凝结的种种知识来为人类生活服务。这种服务也可以分为两层：一层是单纯为增加生活的方便而作的，如先民耕田以食、织布以衣、架木以居、斫轮以行，以至当今所有的工业产品，都是人利用知识而将自然物的存在结构加以改造、重组而运用出来的。这可以说是一种以实用为重点的服务。至于在实用之上的另一层服务，可以称为以彰显意义为重的服务。那就是利用这些自然物或人为加工物为代表与象征，以呈现出一套人类所独具的生活方式。这些独特的生活方式就是所谓的礼仪，其中包括种种法规制度、风俗习惯。

基于此，可以得出一个大致的结论：文化是特指一种进级的人文活动，其目的在于点化人的生活中所涉及的外物，以使之具有无限的道德意义。

从中不难看出，天文、地文、文明是中国文化认知的三个重要范畴，而人则是认知的主体，处在中心地位。

三、文化的内涵

文化大致可以表述为两种：一种是指广泛的知识并能将之活学活用，另一种是内心的精神和修养。

传统观念认为：文化是人类在社会历史发展进程中所创造的物质财富和精神财富的总和。衣食住行各个方面都体现着人类创造的物质财富，宗教信仰、风俗习惯、道德情操、学术思想、文学艺术、科学技术、社会制度等则是人类创造的精神财富。

从中可以大致得出一个结论：文化包括物质文化、制度文化和心理文化三个方面。物质文化是指人类创造的物质文明，包括交通工具、服饰、日常用品等，它是一种显而易见的显性文化；制度文化和心理文化分别指生活制度、家庭制度、社会制度以及思维方式、宗教信仰、审美情趣，包括文学、哲学、政治等方面的内容，它们属于看不见摸不着却又影响深远的隐性文化。显性文化是可以观测的行为，隐性文化则是行为背后的原因。

"文化是一切生命文明行为的代称，大自然是人类文化的根本导师和启蒙者。我们几乎没有一样科学发明是凭空想来的，莫不受自然的启示。人类的文化是大自然的恩赐。"

"文化本不属人类所独有，我们更应该以更开放和更宽容的态度解读文化。文化是生命衍生的所谓具有人文意味的现象，它是与生俱来的。许多生命的言语或行为都有着先天的文化属性，我们也许以示高贵而只愿意称它为本能。"

狭义的文化就是在历史上一定的物质生产方式的基础上发生和发展的社会精神生活形式的总和。

1871年，英国文化学家泰勒在《原始文化》一书中提出了狭义文化的早期经典学说，即文化是包括知识、信仰、艺术、道德、法律、习俗和任何人作为一名社会成员而获得的能力和习惯在内的复杂整体。

文化也可以称之为社会团体共同的思维特征。不管"文化"有多少种不同的定义和理解，有一点还是很明确的，即文化的核心问题是人。有人才能创造文化。文化是人类智慧和创造力的体现。不同种族、不同民族的人创造不同的文化。人创造了文化，也享受文化，同时也受约束于文化，最终又要不断地改造文化。人类是文化的创造者，也是文化的享受者和改造者。人虽然要受文化的约束，但人在文化中永远是主动的。没有人的主动创造，文化便失去了光彩，失去了活力，甚至失去了生命。我们了解和研究文化，其实主要是观察和研究人的创造思想、创造行为、创造心理、创造手段及其最后成果。

四、不同领域对文化的理解

不同的学科对文化有着不同的理解：

从哲学角度解释文化，认为文化从本质上讲是哲学思想的表现形式。由于哲学的时代和地域性从而决定了文化的不同风格。一般来说，哲学思想的变革引起社会制度的变化，与之伴随的有对旧文化的镇压和新文化的兴起。

从存在主义的角度看，文化是对一个人或一群人的存在方式的描述。人们存在于自然中，同时也存在于历史和时代中；时间是一个人或一群人存在于自然中的重要平台；社会、国家和民族是一个人或一群人存在于历史和时代中的另一个重要平台；文化是指人们在这种存在过程中的言说或表述方式、交往或行为方式、意识或认知方式。文化不仅用于描述一群人的外在行为，文化特别包括作为个体的人的自我的心灵意识和感知方式。一个人在回到自己内心世界时的一种自我的对话、观察的方式。

从文化研究的角度看，文化，即使是意识形态，也不是绝对排他的。

文化霸权并不是一种简单的、赤裸裸的压迫和被压迫关系。统治集团的支配权并不是通过操纵群众来取得的，……统治阶级必须与对立的社会集团、阶级以及他们的价值观进行谈判，这种谈判的结果是一种真正的调停。……这就使意识形态中任何简单的对立，都被这一过程消解了。它成为一种从不同阶级汲取来的不同文化和意识形态的动态联合。

但是不管对于哪个领域来讲，文化都是人类创新活动永恒拓展的载体和创新水平不断提升的工具。文化的传播不是目的，而是手段，是为了得到不同群体认同和理解而进行的不懈努力。

五、文化的分类

斯特恩根据文化的结构和范畴把文化分为广义的文化和狭义的文化。所谓广义的文化也就是大写的文化（culture with a big C），是指人类创造的一切物质产品和精神产品的总和；所谓狭义的文化也就是小写的文化（culture with a small c），专指语言、文学、艺术及一切意识形态在内的精神产品。

汉科特·汉默里则把文化分为信息文化、行为文化和成就文化。信息文化指一般受教育本族语者所掌握的关于社会、地理、历史等方面的相关知识；行为文化指人的生活方式、实际行为、态度、价值等，是成功交际最重要的因素；成就文化是指艺术和文学成就，它是传统的文化概念。

因为文化具有的多样性和复杂性，很难给文化确定一个清晰、明了的分类标准。因此，这些对文化的划分，只是从某一个角度来分析的，只是一种尝试。一般认为文化有两种：一种是生产文化，另一种是精神文化。科技文化是生产文化，生活思想文化是精神文化。任何文化都是为生活所用的，没有哪一种文化是不为生活所用的。任何一种文化都包含了一种生活生存的理论和方式，以及理念和认识。

至于对文化的结构，人们也是众说纷纭。对文化的结构解剖，有两分说，即分为物质文化、精神文化；有三层次说，即分为物质、制度、精神；有五层次说，即分为物质、制度、风俗习惯、思想、价值。有六大子系统说，即物质、社会关系、精神、艺术、语言符号、风俗习惯。一般认为文化可以分为下列几个层次：物态文化、制度文化、行为文化、心态文化。物态文化层是人类的物质生产活动方式和产品的总和，是可感知的、具有物质实体的文化事物，如衣、食、住、行。制度文化层是人类在社会实践中建立的规范自身行为和调节相互关系的准则，包括社会经济制度、婚姻制度、家族制度、政治法律制度、家族、民族、国家、经济、政治、宗教社团、教育、科技、艺术组织等。行为文化层是人际交往中约定俗成的以礼俗、民俗、习惯和风俗，它是一种社会的、集体的行为，以民风民俗形态出现，见之于日常起居动作之中，具有鲜明的民族、地域特色。心态文化层是人们的社会心理和社会的意识形态，由人类社会实践和意识活动中经过长期孕育而形成的价值观念、审美情趣、思维方式等构成，是文化的核心部分。

有些人类学家将文化分为三个等级：高级文化（high culture），包括哲学、文学、艺术、宗教等；大众文化（popular culture），指习俗、仪式以及包括衣食住行、人际关系各方面的生活方式；深层文化（deep culture），主要指价值观的美丑定义，时间取向、生活节奏、解决问题的方式以及与性别、阶层、职业、亲属关系相关的个人角色。高级文化、大众文化和深层文化之间相互依存，不可分割：高级文化和大众文化都植根于深层文化，而深层文化的某一概念又以一种习俗或生活方式的形式映射在大众文化中，或以一种艺术形式或一个文学主题反映在高级文化中。

从上述论述中不难看出，文化是一个复杂的存在，从不同的角度进行解析，便会有不同的分类和认识，但是，没有哪一个分类是可以全面概括的。因此，对文化的认识也要多角度、全方位。

六、文物的文化信息

众所周知，文物是人类珍贵的历史文化遗产，经历了时间的考验和历史的筛选，携带着珍贵的历史记忆。所有文物都是人类文化和文明的代表，它们具有极高的历史、科学和艺术价值。文物见证了大自然和人类社会的发展轨迹，给人们提供机会去了解历史、认识自我。若干年前，它们承载着当时的历史痕迹被深埋于地下；若干年后的今天，它们被文物工作者挖掘出来加以研究，提炼其历史记忆。在这种情况下，文物所包含的文化信息也被一一破解，这些所谓文化信息，或者历史记忆，也就是"中国元素"。

所谓中国元素，即在中华民族融合、演化与发展过程中逐渐形成的，由中国人创造、传承，反映中国人文精神和民俗心理，具有中国特质的一切文化成果。中国元素既包括有形的物质符号（即物质文化元素），也包括无形的精神内容（即精神文化元素）。简要概述，中国元素可以分为三大类：第一是中国的固有元素，如中国的领土、中国的人种、中国的气候等；第二是中国传统文化元素；第三是中国的现代文化。这里所涉及的中国元素主要是指中国的传统文化元素，它在中国博物馆里表现尤为突出，而其载体就是文物。整体而言，文化就像是一座冰山。这也就是众所周知的文化冰山理论。

文化冰山理论来源于心理学家弗洛伊德的著名"冰山人格理论"。弗洛伊德将人格划分为超我、自我、本我三部分，就好像是海面上的冰山，露出来的仅仅是一小部分有意识的层面；而剩下的绝大部分是掩盖在海平面以下的、无意识的层面，在很大程度上来讲，恰恰是这部分无意识的存在决定着人的行为与发展。

随着全球化进程的加速发展，人，作为最重要的社会资源，经历了前所未有的全球范围内的高速流动，大大促进了跨文化之间的交流与合作。1984年，为了帮助人们更好地认识与分析"文化"这一抽象的概念，从而使跨文化交流更积极有效，AFS国际文化交流组织首先提出了"文化冰山"这一模型，将"文化"具体化地比喻成漂浮在海面上大若山川的冰柱（见图2-1）。

图2-1　文化冰山图

资料来源：胡文仲. 跨文化交际概论［M］. 北京：外语教学与研究出版社，1999.

文物所包含的文化信息也可以对应于一座文化冰山，其中的显性表现形式，如语言、着装、基本礼仪等就是浮于水面的冰山一角，是开展有效的跨文化交流的重要措施；而体现不同文化的历史、社会、政治经济环境、社会规范、价值体系等的信息则是隐藏在水面之下的冰山主体，是减少甚至避免跨文化交流时可能产生冲突的重要原则。具体到中国博物馆文物而言，文物的外表、颜色、质量是显性的，文物的生产工艺、艺术风格则是隐性的。显性文化信息（如外表、颜色、质量等）和隐性文化信息（如生产工艺、艺术风格等）结合在一起就可以告诉观众该文物"是什么"、"什么样"和"意味着什么"，这也就是文物所体现的文化元素。

（一）显性文化信息

冰山漂浮在海平面以上的可视部分就像是显性的文化现象。语言、着装、基本礼仪等都属于显性的文化信息，是可以观测的人类行为。这些文化信息可以轻易习得，不同文化之间也在不断地相互学习，例如，中国人擅长使用筷子，西方人擅长使用刀叉，在国际化的今天，在中国走进西餐厅人们也可以娴熟地使用刀叉，在西方走进中餐馆，大家也会使用筷子。当然，不同文化之间也需要不断磨合，例如，中国有中国的餐桌礼仪，西方有西方的餐桌礼仪，自己看来自己的一套规则井井有条，彼此看来对方的规则都是烦琐的，彼此就要不断磨合，加深了解，从而更好地交流与沟通。此外，红色在中国象征着欣欣向荣与喜庆，在西方社会则可能是令人紧张的危险信号，令人不安，但是，这些也是可以习得的文化知识，可以通过学习不断相互了解。

（二）隐性文化信息

不同于漂浮在海平面上的冰山一角，冰山的主体部分仍然掩盖在风平浪静的海平面以下，且远远大于海平面以上的部分；就像隐性的文化现象，看不见，摸不着，却在不同文化的碰撞过程中危机四伏。作为冰山的主体，隐性的文化，如社会历史习俗、政治背景、意识形态、人际交往、价值观、道德准则、社会规范等，支撑并决定着人的行为以及文化的表现形式。更严重的是，不同文化背景的人进行交流时，像是两座冰山慢慢靠近。交流中的任何一方都只能看到对方这座冰山的"显性部分"，而难以察觉到海平面以下、体积庞大的文化"隐性部分"。当两座冰山相遇，往往是海平面以下的冰山首先发生碰撞，产生冲突，造成海平面以上的可视"显性部分"分崩离析，进而带来不可挽回的灾难性后果。而博物馆里的文物都蕴含着丰富的隐性文化信息，如果可以很好地加以运用，就可以更好地在世界范围内传播中国文化，让世界更好地认识和了解中国的历史和中国的文化，进而从更广泛的意义上促进中西文化的沟通与交流，避免不必要的文化冲突。

七、文物文化信息的结构

正如前文所言，文化的结构众说纷纭，并没有一个统一的划分，具体到中国博物馆文本的研究而言，笔者尝试将博物馆里的文化大致划分为三个层次：表层文化、中层文化和深层文化。

表层文化又可以称之为物质文化，是人类对物质的利用的形态，通常体现在人的衣、食、住、行领域，因此也包括了生产力形式；中层文化又可以称之为精神文化，主要是以物质为媒介表现精神的形态，包括艺术、科学、宗教、制度、礼仪、风俗等；深层文化又可以称之为哲学文化，是渗透在前两层文化中的观念、意识形态和哲学思想。与之相对应，为了对博物馆文物所包含的文化信息进行深度解读，笔者相对应地将中国博物馆里的文物所包含的文化信息也划分为三个层次：表层文化信息、中层文化信息、深层文化信息。

（一）表层文化信息

表层文化信息是中国博物馆里文物所携带的最直观的文化信息，反映了对文物基本表象的直接性认知，是文物名称的立足点。以器物类文物为例，按照材料和质地，可以分为石器、陶瓷器、青铜器、玉器、金银器等；按照功能用途，可分为酒器、乐器、祭器、兵器、饰物等；按照属体名称，可分为瓶、罐、杯、壶、尊、鼎、佩等（李开荣，2001）。这些信息都是文物的基本概念信息，属于界定文物"是什么"的表层文化信息。

表层文化信息反映了历史发展不同阶段的特征。

（二）中层文化信息

中层文化信息源于文物命名的理据性，是从文化角度对博物馆文物基本概念进行的更为全面、深入的描述，详尽地说明博物馆里的某一件文物是"什么样"的。中层文化信息涉及人们对文物的审美意识和文物自身的文化、艺术价值，具体表现为艺术造型、主题花纹、铭字、窖号标记、质地、工艺等文化特点和时代特征。文物越精美、别致，其中层文化信息就会越丰富，名称概念成分也就越复杂（李开荣，2001）。

（三）深层文化信息

深层文化信息也称为暗含文化信息，是文物的内涵文化意义，如民族文化特有的宗教观念、社会风俗等，它告诉人们该文物"意味着什么"。例如，龙在中国文化中蕴含着帝王的尊崇，鸳鸯、荷莲象征着美满的姻缘。

为了将上述文化信息介绍给观众，帮助观众更好地理解其文化内涵，博物馆都提供了丰富的文字资料，即博物馆文本。博物馆文本承载着丰富的文化信息，是中国元素的集中汇聚，因此，博物馆文本的翻译也就是向世界介绍中国元素的一种重要途径。所谓翻译即传播，博物馆文本翻译就是博物馆传播中国文化的一种重要方式，翻译的过程也就是博物馆静静讲述中国故事的过程，而博物馆如何更好地讲好中国故事，进而更好地传播中国文化，也是一个需要仔细研究的课题。

第三章

博物馆

——讲好中国故事，传播中国文化

自南通博物苑建馆伊始，中国博物馆已匆匆走过百余年。承载着人类的历史记忆与光阴故事，中国博物馆一直都在通过一件件文化瑰宝，将流动的光阴定格，静静地讲述着中国的故事。特别是近些年来，珍贵文物纷纷被视为超级IP（Intellectual Property 的缩写，字面粗译为"知识产权"，特指具有长期生命力和商业价值的跨媒介内容运营。一个具有可开发价值的真正的IP，至少包含四个层级：价值观、普世元素、故事和呈现形式），因此，博物馆也越来越多地进入普通大众的生活，一个热衷于博物馆"打卡"的网友曾经这样描述自己的休闲时光："我不在博物馆看展览，就在去博物馆的路上。"毋庸置疑，"逛博物馆"正在成为普通大众的一种生活方式。博物馆文物就像是先人跨越千百年时光从远古寄来的信札，将自己的"前世今生"娓娓道来，让观众可以一窥祖先们的生活图景、悲欢离合，从而更好地读懂中国的过去、现在和未来。这无疑是难得的"精神盛宴"，而这样的精神盛宴在经济高速发展的社会背景下已经成为一种大众需求。

2019年5月18日，国家文物局局长刘玉珠在"博物馆·文化中枢"论坛上表示，当前，"博物馆热"持续升温，博物馆已经成为人民向往的美好生活的重要组成部分。博物馆观众结构日益多元化，不同于前些年的博物馆观众"精英化"，现在，未成年人、低收入群体、农民工、村镇居民参观博物馆热情日益高涨，已经成为博物馆观众的新生大军。据中国旅游研究院统计，游客在春节期间参观博物馆的比例高达40.5%。为了保证游客参观博物馆的质量，很多博物馆都采取预约限流措施，尽管如此，假日里博物馆门票早早销售一空、博物馆热门展览门前排起长龙的现象已经司空见惯，这也反映了大众对高品质精神文化产品的旺盛需求。

"博物馆热"，既是中国博物馆人期盼已久的梦想，也是全社会文明进步的共同成果。

在这样的时代背景之下，博物馆如何"讲故事"，如何更好地将古老的中国故事讲给中国的现代人，讲给世界，便成为一个重要的课题。

一、博物馆如何讲中国故事

据统计，目前我国平均 26 万人拥有一座博物馆，北京、甘肃、陕西等地已达到 12 万~13 万人拥有一座博物馆的规模。除前文所述的历史博物馆、艺术博物馆、科学和技术博物馆和综合类博物馆之外，遗址类、专题类博物馆正在飞速发展，生态博物馆等新兴博物馆建设同样是方兴未艾。

国际博物馆协会主席苏埃·阿克索伊曾经表示：近年来，中国博物馆事业蓬勃发展，已经取得了非常伟大的成就，引起了国际博物馆界的高度关注，并赢得了大家的认同和普遍赞誉。即便是普通的国外游客来到中国，也不会错过参观博物馆这一"中华文明"的圣地。

国家文物局副局长关强曾经这样说："一个好的博物馆，应该在做好保护、研究等本职工作的基础上，让身处其中的观众在很舒服的状态下接受教育，潜移默化地树立文化自信。"这无疑对博物馆"讲好中国故事"的能力提出了较高的要求。如此看来，在讲好中国故事方面，博物馆任重而道远。

南京大学曾经在江苏对博物馆开展了一次摸底调研，结果显示博物馆"讲故事"能力仍是短板。南京博物院院长龚良说："至今还有很多博物馆停留在展示奇珍异宝的阶段。"那么，博物馆究竟该如何讲好中国故事呢？

众所周知，博物馆里的藏品都是有故事的，而所谓好的展览，就是要用藏品的故事来打动观众。也就是说，藏品展览的要义，不是一味追求最上乘的展品，而是要讲好展品之间的相互关系，讲好展品背后的故事；展览的最终目的不是展示坛坛罐罐，而是展示过去的人们在这个区域的生活。也就是说，展品只是文化的载体，展示的目的却是帮助人们了解相关的文化。

2019 年 5 月 18 日，湖南省博物馆联合全国 22 家文博单位举办的"根·魂——中华文明物语"特别展览拉开帷幕。30 件（套）精心遴选出的文物，勾勒出中华文明的发展历程。

该展览策展人王树金说："在有限的场地内，如何全景式展现中华文明，我们充分考虑了时代、地域等因素，选择了不同类型的文物，一个展览就是一段完整的历史呈现。有的观众会首先涌向'镇馆之宝'，而对普通文物只是匆匆一瞥。事实上，只有认真看完全部展品，才能真正不虚此行。"

为了让观众们更好地"听故事"，博物馆也在积极进行各种尝试。从《国家宝藏》《如果国宝会说话》等电视节目，到"故宫社区""数字敦煌"等网上展示项目，公众足不出户便可以享有高质量文化产品，一定程度上也弥补了不同地区博物馆事业发展不平衡的问题。

同时，一场博物馆界的改革呼之欲出。关强说，国家文物局已经起草相关文件，推进博物馆改革发展。文件的要点之一，便是拓展博物馆藏品的利用途径，完善服务供给。

"我们将创新博物馆传播内容、形式和手段，力争变'政府端菜'为'群众点菜'，"关强说，鼓励博物馆充分倾听观众需求，真正用好馆藏资源，让观众们"听"到自己喜欢的"故事"。而承担着传播中国文化重任的中国博物馆要想讲好中国故事，既需要精彩的故事内容，也需要符合时代潮流和特征的"讲述"方式，讲生动有趣的故事，讲每个中国人的故事，讲蕴含中国文化、情感与价值观的故事。透过故事传递中国深层次的文化思想与文化特色，通过这种故事，潜移默化地影响世界对中国的认知与理解。

（一）把握受众心理需求

要讲好中国故事，不仅要求故事本身的内容要足够精彩和生动，更要求讲故事的博物馆结合受众心理需求，有针对性地、绘声绘色地来讲述这个故事，只有这样，才有可能充分发挥博物馆的文化传播功能。然而，在博物馆以往的对外传播中，以本民族文化为中心，宣传味太浓，使得外国游客无法理解文物所讲述的中国故事，心理上也难以产生共鸣，传播效果自然不尽如人意。要知道，真正的认同往往是源于心理上的认可与接受，那么，如何才能让国外受众对中国故事产生共鸣呢？这就要求博物馆在对外传播时充分了解中西文化差异，认真考虑国外受众的语言习惯、文化习俗、心理特点等，并结合这些不同的特点，多多从受众的角度考虑如何更好地表达，从而讲出他们想听、想了解的故事。

（二）充分利用各种渠道

传统来讲，博物馆讲述中国故事，传播中国文化的渠道就是场馆现场展览，尽管这样的渠道直观而形象，但是，能够听到故事的人总是有限的。为了更好地讲述中国故事，将中国故事讲给更多的人来听，那就需要利用好各种媒体和网络，不断拓宽对外传播的途径，让更多没有来到中国的游客也有机会通过网络新媒体来倾听中国故事。在这一方面，网络新媒体可谓意义重大。与传统媒体相比，网络新媒体互动性更强，这就可以帮助听故事的、想要了解中国文化和中华文明的各国友人沟通交流，增强理解；当然，在讲好中国故事的过程中，中国博物馆应主动与外国受众进行互动交流，通过他们的反馈，不断调整自己讲故事的方式，以更好地讲述中国故事，传播中国文化。

正是基于这种思想，目前，很多博物馆都开通了官网，并精心维护，虽然依然存在这样或那样的问题，但是至少还是打开了博物馆走向大众的通道。此外，一期《国家宝藏》更是吸引了无数的电视观众，看完节目，意犹未尽的观众又纷纷涌入博物馆进行更加深入的了解。所有这些都是非常好的传播中国文化、讲好中国故事的渠道。

（三）立足中国故事，避免单向灌输

一直以来，中国博物馆只是着眼于讲述自己的故事，从而对外宣传自己的辉煌历史，却忽视了至关重要的一个环节：中西方文化差异！从跨文化交流和传播的角度来讲，文化差异越大，跨文化交流和传播难度越大，越容易产生误解和隔阂，越需要提供更多、更翔实的文化信息；文化差异越小，跨文化交流和传播的难度也就越小，越容易彼此理解和认同，需要提供的补充性文化信息也就越少。基于此，讲好中国故事，对外宣传中国文化就应该把握国外受众的接受程度和语言习惯，进而制定相应的策略来更好地讲述中国故事。毕竟，中国博物馆离国外普通大众距离太远，汉英语言差异已经给交流带来了一定的障碍，中西文化差异更是使得国外游客很难对似懂非懂的中国故事产生共鸣。因此，中国博物馆在向外国游客讲述中国故事的时候，不仅要充分考虑语言因素，还要充分考虑中西文化习俗的差异。这样才能更好地穿越时空，通过古老而有趣的中国故事传达出全新的中国社会主义核心价值观——在国家层面上，富强、民主、文明、和谐；在社会层面上，自由、平等、公正、法治；而对于公民个人层面，则是爱国、敬业、诚信、友善。唯其如此，才能引起听众的兴趣，获得听众的共鸣。

（四）培养高素质复合型人才

讲好中国故事，听起来简单，但是要想讲好中国故事，却需要会讲故事的高手。中国博物馆的对外传播与对内传播毕竟存在很大的差异，这也对相关的工作人员提出了更高的素质要求。例如，对国外受众的熟悉、对中国文化的理解、外语的表达能力、新媒体的运用能力等。在国际传播中，这种复合型人才是缺乏的。在讲好中国故事的具体实践中，需要有跨学科的复合型传播工作者，更好地适应国际形势，提高中国国际传播的能力。只有这样，才能更好地向国外受众讲好中国故事，传播中国文化，树立中国形象。

二、博物馆讲好中国故事面临的问题

即便大家都能意识到讲好中国故事意义重大，但是文化差异、语言障碍、技术难题，甚至更为现实的经费短缺问题，都会限制博物馆讲好中国故事的能力发展。整体而言，博物馆在讲好中国故事的尝试中，依然存在着以下几个方面的问题：

（一）语言差异

博物馆的全球化发展，意味着博物馆文本资料的翻译工作变得日益重要。中国博物馆文本资料翻译的目的，主要是向世界宣传中华民族的传统文化，让世界更好地了解和认识中国；而其对象则主要是那些想要了解中华民族文化的外国游客。为了达到有效传递文化的目的，中国博物馆文本的翻译必须考虑目标读者的语言习惯和文化背景。否则，对于那些本来就不熟悉中国历史文化传统的参观者而言，不仅达不到传播文化的目的，还可能会给参观者带来困惑和误解。

而从语言表达方面来说，英语和汉语存在着极大的差别：

1. 英语重结构，汉语重语义

中国著名语言学家王力（1984：35）先生曾言："就句子的结构而论，西洋语言是法治的，中国语言是人治的。"

例如：

Children will play with dolls equipped with personality chips, computers with inbuilt（成为固定装置的，嵌入墙内的；内在的，固有的）personalities will be regarded as workmates rather than tools, relaxation will be in front of smell television, and digital age will have arrived.

【译文】儿童将与装有个性芯片的玩具娃娃玩耍，具有个性内置的计算机将被视为工作伙伴而不是工具，人们将在气味电视前休闲，到这时数字时代就来到了。

这个英文句子是由四个独立句构成的并列句，前三个句子都用简单将来时，最后一个句子用的是将来完成时，句子之间的关系通过时态、逗号和并列连词 and 表示得一清二楚。而汉语译文明显就是简单的叙述，至于句子之间的关系完全是通过句子的语义表现出来：前三个句子可以看成并列关系，最后一个句子则表示结果。

2. 英语多长句，汉语多短句

由于英语是"法治"的语言，只要结构上没有出现错误，许多意思往往可以放在一个长句中表达；汉语则正好相反，由于是"人治"，语义通过字词直接表达，不同的意思往往通过不同的短句表达出来。正是由于这个原因，考研英译汉试题几乎百分之百都是长而复杂的句子，而翻译成中文经常就成了许多短小的句子。例如：

Interest in historical methods had arisen less through external challenge to the validity of history as an intellectual discipline（身心的锻炼，训练；纪律，风纪，命令服从；惩戒，惩罚；学科，科目）and more from internal quarrels among historians themselves.

【译文】人们对历史研究方法产生了兴趣，这与其说是因为外部对历史作为一门知识学科的有效性提出了挑战，还不如说是因为历史学家内部发生了争吵。

英文原句是个典型的长句，由 27 个词组成，中间没有使用任何标点符号，完全靠语法结构使整个句子的意思化零为整：less through... and more from 构成一个复杂的状语修饰动词 arisen。在中文翻译中，"产生兴趣"这一重要内容通过一个独立的句子表达，两个不同的原因则分别由不同的句子表达，整个句子被化整为零。

3. 英语多从句，汉语多分句

英语句子不仅可以通过给简单句增加修饰语从而使句子变得更长，同时也可以通过从句的使用把简单句变为复杂句，而这些从句往往通过从句引导词与主句或其他从句连接，整个句子尽管表面上看起来错综复杂，却仍是浑然一体的。汉语本来就喜欢用短句，加上表达结构相对松散，英语句子中的从句翻成汉语时往往成了一些分句。例如：

On the whole such a conclusion can be drawn with a certain degree of confidence but only if the child can be assumed to have had the same attitude towards the test as the other with whom he is compared, and only if he was not punished by lack of relevant information which they possessed.

【译文】总的来说，得出这样一个结论是有一定程度把握的，但是必须具备两个条件：能够假定这个孩子对测试的态度和与他相比的另一个孩子的态度相同；他也没有因缺乏别的孩子已掌握的有关知识而被扣分。

原文中两个 only if 引导的从句显然使整个句子变得很复杂，可是由于有并列连词 but 和 and，整句话的逻辑关系十分清楚：……能够得出结论……但是只要……而且只要……从上面的译文中我们可以看出，为了使中文表达更加清楚，but only if... and only if... 首先提纲挈领：但是必须具备两个条件……，这种处理方法使得译文中看不出原文中使用的从句，有的只是一些不同的分句。

4. 英语多代词，汉语多名词

在句子中，英语多用名词和介词，汉语则喜欢使用动词，甚至是连续使用好几个动词。

英语不仅有 we、you、he、they 等人称代词，而且还有 that、which 之类的关系代词，在一些较长、结构又较复杂的句子中，为了使句子结构正确、语义清楚，同时避免表达上的重复，英语往往使用很多代词。

汉语虽然也有代词，但由于结构相对松散、句子相对较短，汉语里不能使用太多的代词，使用名词往往使语义更加清楚。例如：

There will be television chat shows hosted by robots, and cars with pollution monitors that will disable them when they offend.

【译文】届时，将出现由机器人主持的电视访谈节目及装有污染监测器的汽车，一旦这些汽车污染超标（或违规），监测器就会使其停驶。

5. 英语多被动，汉语多主动

英语比较喜欢用被动语态，科技英语尤其如此。汉语虽然也有"被""由"之类的词表示动作是被动的，但这种表达远没有英语的被动语态那么常见，因此，英语中的被动在汉译中往往成了主动。下面我们先看一组常用被动句型的汉译：

It must be pointed out that...　必须指出……

It must be admitted that...　必须承认……

It is imagined that...　人们认为……

It can not be denied that...　不可否认……

It will be seen from this that...　由此可知……

It should be realized that...　必须认识到……

It is (always) stressed that...　人们（总是）强调……

It may be said without fear of exaggeration that...　可以毫不夸张地说……

这些常用被动句型属于习惯表达法，在科技英语中出现频率很高，译者不仅要熟悉这些句型的固定翻译，同时也要知道，从语言习惯上来讲，许多英语中的被动译成汉语时往往用主动来表达。例如：

And it is imagined by many that the operations of the common mind can by no means be compared with these processes, and that they have to be required by a sort of special training.

【译文】许多人认为，普通人的思维活动根本无法与科学家的思维活动相比，认为这些思维活动必须经过某种专门训练才能掌握。

原文中有三个被动语态 is imagined，be compared 和 be required，译成汉语都变成了主动表达：认为、相比和掌握。

除此之外还要注意，有些英语中的被动在翻译的过程中需要把主语变成汉语的宾语，这样才能更加符合中文的表达习惯。例如：

New sources of energy must be found, and this will take time, but it is not likely to result in any situation that will ever restore（归还；恢复，复兴；恢复健康，复原）that sense of cheap and plentiful energy we have had in the past time.

【译文】必须找到新的能源，这需要时间；而过去我们感觉到的那种能源价廉而充足的情况将不大可能再出现了。

6. 英语多变化，汉语多重复

英语表达注重灵活多样，忌讳一成不变的重复，因此，在表达相同的意思时英语往往会选择不同近义词和不同的表达方式。第一次说"我认为"可以用"I think"，第二次再用"I think"显然就很乏味，应该换成"I believe"或"I imagine"之类的表达。相比之下，汉语对变换表达方式的要求没有英语那么高，很多英语中的不同表达在翻译成汉语时可能会选用同一个表达方式。例如：

The monkey's most extraordinary accomplishment was learning to operate a tractor. By the age of nine, the monkey had learned to solo on the vehicle.

【译文】这只猴子最了不起的成就是学会驾驶拖拉机。到九岁的时候，这只猴子已经学会了单独表演驾驶拖拉机了。

"tractor"和"vehicle"在句中显然都表示"拖拉机"，英语表达上有变化，而译成汉语时使用了重复表达法。

7. 英语多抽象，汉语多具体

通过不断的翻译实践，很多译者都会意识到：英文句子难译主要难在复杂的结构和抽象的表达上。通过分析句子的结构，把长句变成短句、从句变为分句，结构上的难题往往可以迎刃而解。表达抽象则要求译者吃透原文的意思、用具体的中文进行表达，例如：

disintegration　土崩瓦解

ardent（热心的；热情的）loyalty　赤胆忠心

total exhaustion　筋疲力尽

far-sightedness　远见卓识

careful consideration　深思熟虑

perfect harmony（和声；和睦）　水乳交融

feed on fancies　画饼充饥

with great eagerness　如饥似渴

lack of perseverance　三天打鱼，两天晒网

make a little contribution（捐款；捐助）　添砖加瓦

on the verge of destruction　危在旦夕

从上面的例子不难看出，英语表达往往比较抽象，汉语则喜欢比较具体。例如：

Until such time as mankind has the sense to lower its population to the points whereas the planet can provide a comfortable support for all，people will have to accept more "unnatural food".

【译文】除非人类终于意识到要把人口减少到这样的程度：使地球能为所有人提供足够的饮食，否则人们将不得不接受更多的"人造食品"。

原文中有三个抽象的名词：sense、point 和 support 以及两个抽象的形容词 comfortable 和 unnatural。根据大纲中词汇表提供的解释，sense 可指"感觉""判断力"，point 的意思是"点"，support 的意思是"支撑（物）""支持（物）"，comfortable 是"舒适的"，unnatural 是"非自然的"，都是意思十分抽象的词，如果不进行具体化处理，译文就可能是这样："除非人类有这样的感觉，把人口减少到这样的，使地球能为大家提供舒适

的支持，否则人们将不得不接受更多的'非自然的食物'。"这样的汉语译文无疑会让人不知所云。

8. 英语多引申，汉语多推理

英语有两句俗话：一是 You know a word by the company it keeps. (要知义如何，关键看词伙)。二是 Words do not have meaning, but people have meaning for them. (词本无义，义随人生)。这说明词典对词的定义和解释是死的，而实际运用中的语言是活的。从原文角度来说，这种活用是词义和用法的引申，翻译的时候要准确理解这种引申，译者就需要进行推理。例如：

> While there are almost as many definitions of history as there are historians, modern practice most closely conforms to one that sees history as the attempt to recreate and explain the significant events of the past.

> 【译文】尽管关于历史的定义几乎和历史学家一样多，现代实践最符合这样一种定义，即把历史看作对过去重大历史事件的再现和解释。

"recreate" 根据构词法和一般词典上解释都是"重新创造"，而考研英语大纲词汇表中只有名词 "recreation"，所给词义为"娱乐、消遣"，在这种情况下，译者很容易把 recreate 译成"重新创造"或者"娱乐"。仔细观察 recreate 不难发现它带有宾语 the significant events of the part，从逻辑上来讲，过去的重大历史事件是不能"重新创造"的，作者显然对 recreate 一词的词义进行了引申。做翻译的人经常会有这样一种感受：某个词明明认识，可就是不知道该怎样表达。这其实就是词的引申和推理在起作用。

9. 英语多省略，汉语多补充

英语一方面十分注重句子结构，另一方面又喜欢使用省略。英语省略的类型很多，有名词的省略、动词的省略，有句法方面的省略，也有情景方面的省略。在并列结构中，英语往往省略前面已出现过的词语，而汉语则往往重复这些省略了的词。例如：

Ambition is the mother of destruction as well as of evil.

【译文】野心不仅是罪恶的根源，同时也是毁灭的根源。

Reading exercises one's eyes; Speaking, one's tongue; while writing, one's mind.

【译文】阅读训练人的眼睛，说话训练人的口齿，写作训练人的思维。

One boy is a boy, two boys half a boy, three boys no boy.

【译文】一个和尚挑水吃，两个和尚抬水吃，三个和尚没水吃。

在以上几个例子中，英文都省略了一些成分，但译成汉语时又补充完整了。

10. 英语多前重心，汉语多后重心

在表达多逻辑思维时，英语往往是判断或结论等在前，事实或描写等在后，即重心在前；汉语则是由因到果、由假设到推论、由事实到结论，即重心在后。比较：

I was all the more delighted when, as a result of the initiative of your Government it proved possible to reinstate the visit so quickly.

【译文】由于贵国政府的提议，才得以这样快地重新实现访问。这使我感到特别高兴。

The assertion that it was difficult, if not impossible, for a people to enjoy its basic rights unless it was able to determine freely its political status and to ensure freely its economic, social and cultural development was now scarcely（不足地，不充分地；一定不，绝不）contested（斗争；比赛）.

【译文】如果一个民族不能自由地决定其政治地位，不能自由地保证其经济、社会和文化的发展，要享受其基本权利，即使不是不可能，也是不容易的。这一论断几乎是无可置辩的了。

以上种种语言差异在中国博物馆文本翻译的过程中都要加以充分考虑，并作出相应的恰当处理，唯其如此，才能更为准确地传达原本的文化信息，更好地进行跨文化交流与传播。

（二）文化差异

文化差异引起的隔阂是讲好中国故事面临的最大困境之一。尤其是中西文化差异，不同的语言环境、文化理念、教育背景，造成了对同一事件的不同解读。早在 1973 年 9 月，英国文化研究学派的著名代表人物——斯图亚特·霍尔就在其《编码与解码》一文中提出，受众对信息通常有三种解读方式：一种是对抗式解读。即信息的传播会包含传播者的意识形态，或者传播者期望通过信息传播达到一定的目的。然而，受众往往会根据自己的思想意识和既有的经历经验，进行反方向解读，完全背离了传播者的"原意"。另一种是协商式解读。即受众在接受信息时承认或者理解传播者的意图，但是依然会结合自己的实际情况进行自己立场的理解和解读。还有一种是主导式解读。即受众完全顺着传播者的意图对信息进行理解和解读，从而完全实现其传播目的。显然，中国博物馆只有实现第三种信息解读方式，才能真正讲好中国故事。但是，想要实现这一点，就要充分了解文化差异和受众心理，使他们愿意完全顺应传播意图、倾听中国故事。

说到东西方文化的差异，就需要特别关注以下几个重要的文化维度，它们可以更为深刻地解读文化差异：

1. 高语境文化与低语境文化

1976 年，美国文化人类学家 Edward T. Hall 提出了高语境文化（high context culture）和低语境文化（low context culture）的概念，简称为 HC 和 LC。Hall 认为："任何事物均可被赋予高、中、低语境的特征。高语境事物具有预先编排信息的特色，编排的信息处于接受者手里及背景中，仅有微小部分存于传递的讯息中。低语境事物恰好相反，大部分信息必须处在传递的讯息中，以便补充语境中丢失的部分（内在语境及外在语境）。"也就是说：在高语境文化中，说话者的言语或行为意义来源于或内在化于说话者当时所处的语境，他所表达的东西往往比他所说的东西要多。而在低语境文化中，人们强调的是双方交流的内容，而不是当时所处的语境。

Gudykunst 将 12 个不同文化的国家按"低语境"到"高语境"的方式排列，从该表中我们发现中国文化具有高语境特性而美国文化具有低语境特性。另外，从两种文化的特征来讲，Lustig 和 Koester 曾把 HC 和 LC 文化及交际的特点概括为如下（见表 3-1）。

表 3-1　高语境文化与低语境文化的特点对比

HC	LC
内隐、含蓄	外显、明了
暗码信息	明码信息
较多的非言语编码	较多的言语编码
反应很少外露	反应外露
（圈）内（圈）外有别	（圈）内（圈）外灵活
人际关系紧密	人际关系不密切
高承诺	低承诺
时间处理高度灵活	时间高度组织化

从表 3-1 的对比分析中我们可以看出高语境文化和低语境文化几乎具有完全相反的特征：高语境文化主要依赖于人们思想预先设定的、先入为主的程序来传达信息，如许多不成文的传统习惯，不言而喻的价值观和社会普遍公认的行为模式；而低语境文化则相反，它强调的是理性和逻辑，也就是在理性的基础上用逻辑的方法一步一步地推导出结论。

在博物馆文本翻译的跨文化传播中，高低语境文化和传播方式在很大程度上决定着中英文不同的语言表达风格，也影响着两者之间的互相交流和传播。

2. 集体文化与个体文化

个体文化是人类文化发展史中的一种文化类型，强调个体，即个人作用，主要特征是具有个体性特性，其核心是强调个体自由度的发挥，西方文化就是一种"个体文化"。

文化的核心是观念的共识，个体文化是西方社会历史发展的结果。在当前的世界上，有两种不同的观念的共识，那就是东方文化的整体性和西方文化的个体性。东方社会的整体文化和西方社会的个体文化，它们是人类历史发展的结果。不同的政治、经济、社会环境造就了不同的文化观念，产生了不同特性的个体文化和整体文化，它们各有优缺点，其实这两者都不能偏废，因此，东西方文化从本质上看可以说是互补的。

系统理论认为，整体文化和个体文化都是提高社会系统功效的重要因素，因此它们是互补的，是可以融合的。以西方自由化为文化背景的资本主义社会与东方以整体化为文化基础的社会主义社会，从提高社会系统功效的角度来看，两者也不是对立的，而是互补的。正确的发展方向，应该是互相取长补短，相互学习。

事实上历史也正是在这样做，西方文化在不断地向东方文化学习，从东方文化中吸收有益的观念，融合在西方文化中。例如，一些西方国家也倡导"雷锋精神""团队精神"，引入东方文化的集体主义精神，一些资本主义国家的"国家干预""国有化""社会保障体系"等，本质上就是社会主义的东西。而中国的改革开放在许多方面也是引入西方文化中的创新精神和竞争机制。

全球经济一体化进程需要东西方文化的互补和融合，同时，在全球经济一体化的进程中也促进了东西方文化的互补和融合。这是由于世界各国的社会经济、政治、文化的发展是互动的。这是一个良性循环的发展过程。正是由于东西方文化的相互促进、互相推动，使人类逐步向和谐世界发展。

而在中国博物馆跨文化传播的过程中，对对方文化的深入了解可以解读很多文化差异的深层次原因，更好地促进有效的跨文化传播和沟通。

3. 权力距离

权力距离是一种文化与另一种文化相区别的第一个维度，指的是社会承认和接受的权力在组织中的不平等分配的范围。很大程度上显示了权力距离权威性。霍夫斯泰德的四个维度考虑的主要是从社会角度来分析文化对组织的影响，他充分考虑了权力、环境以及社会对女性的重视程度，通过权力距离这个维度，判断权力在社会和组织中不平等分配的程度。对这个维度，各个国家由于对权力赋予的意义不完全相同，所以也存在着很大的差异。比如，美国对权力的看法跟阿拉伯国家的看法就存在很大的差异，美国不是很看重权力，他们更注重个人能力的发挥，对权力的追求比阿拉伯国家要逊色不少；阿拉伯国家由于国家体制的关系，注重权力的约束力，由此，阿拉伯国家的机构，不管是政府部门或者企业都多多少少带有权力的色彩。

"权力距离"这一文化维度在中西方文化中都发挥着自己独特的作用，在很大程度上也会影响跨文化传播，因此，在考虑中国博物馆跨文化传播的过程中，权力距离的差异理解也是必不可少的一个方面。

4. 不确定性规避

不确定性规避（uncertainty avoidance）表示人们对未来不确定性的态度。对不确定性规避程度较强的文化往往有明确的社会规范和原则来指导几乎所有情况下发生的行为，而规避不确定性程度较弱的文化的社会规范和原则就不那么明确和严格。

我们通常可以从对规则的诉求愿望、对具体指令的依赖、对计划的执行程度去考虑。一些文化中的雇员推崇明确，并非常乐意接到其主管的具体指令。这些雇员具有高度的不确定性规避，并偏好于回避工作中的模棱两可，别处的雇员则以相反方式进行反应，因为模棱两可并未威胁到他们对稳定和安全的较低需要。这些雇员中甚至可能会对工作中的不确定性如鱼得水。

不确定性规避倾向影响一个组织使其活动结构化需要的程度，也就是影响到一个组织对风险的态度。在一个对不确定性规避较多的组织中，组织就越趋向建立更多的工作条例、流程或规范以应对不确定性，管理也相对是以工作和任务指向为主，管理者的决策多为程序化决策。在一个弱不确定性规避的组织中，很少强调控制，工作条例和流程规范化和标准化程度较低。

在任何一个社会中，人们对于不确定的、含糊的、前途未卜的情境，都会感到面对的是一种威胁，从而总是试图加以防止。防止的方法很多，例如提供更大的职业稳定性，订立更多的正规条令，不允许出现越轨的思想和行为，追求绝对真实的东西，努力获得专门的知识等。不同民族、国家或地区，防止不确定性的迫切程度是不一样的。相对而言，在不确定性避免程度低的社会当中，人们普遍有一种安全感，倾向于放松的生活态度和鼓励冒险的倾向。而在不确定性避免程度高的社会当中，人们则普遍有一种高度的紧迫感和进取心，因而易形成一种努力工作的内心冲动。

从中国博物馆的藏品中，观众不难体会中国人对待不确定性的态度，了解这一方面东西方的差异，无疑也有利于跨文化传播的顺利进行。

（三）思维差异

"思维方式是主体在反映客体的思维过程中，定型化了的思维形式、思维方法和思维程序的综合和统一。"常用的思维方法有归纳法、演绎法、类比法等。

同一民族的人，由于生活在同一社会、文化氛围中相同，其思维方式存在共性，不同民族的人其思维方式有相同之处，也有不同之处。对比研究不同民族思维方式的异同，特别是了解不同民族的思维方式的差异，是减少和消除跨文化交流与传播障碍的重要举措，也是在翻译时需要尤其注意的因素。

1. 中国人重伦理，英美人重认知

对中国社会影响最大的思想之一便是儒家思想。儒家思想关心的是

人道，是人生之理，更多关注的是社会政治和伦理道德，而非对自然奥秘的探索；而在海洋型地理环境中发展起来的英美文化促成了英美人对天文地理的浓厚兴趣，使他们形成了探求自然的奥秘、向自然索取的认知传统。

正因为如此，中国文化更注重宗族关系、辈分尊卑，甚至连时间的表达顺序（年、月、日）和地域的表达（国、省、市、县、乡）都反映出了由大到小的思维顺序。此外，由于集体文化的影响，中国文化更注重"群己合一"，突出"群体"的人格。就这几个方面而言，英语文化则刚好相反。

2. 中国人重整体，偏重综合性思维，英美人重个体，偏重分析性思维

"中国的小农经济使先民们意识到丰收离不开风调雨顺，生存离不开自然的恩赐，进而从男女关系、天地交合和日月交替等现象悟出阴阳交感、'万物一体''天人合一'的意识。"万物合一的观念把人与自然、个人与社会乃至世间万物都看作不可分割、相依相存、相互影响、相互制约的有机整体，这是中国人最朴素的辩证思维方法。人们注重从对立中求统一，从统一中看到对立，所谓"阴"和"阳"的对立统一关系便是最好的证明。中国的国画艺术也是中国人综合性思维的有力证据。一幅国画中有画有诗，有书法和篆刻，缺一不可。中国的书画同源，均以线条表意抒情，加之古代画家多为文人，因此，逐渐形成绘画同诗文、书法乃至篆刻相互影响、共存于一幅画之中的格局，形成国画的突出特征，在世界美术体系中自成独特体系。

而英美文化中的西洋画只表现绘画艺术，画家最多在画上签上自己的名字。

整体性思维在汉字结构中也有体现。汉字中的象形字（雨、人、竹、弓）生动地表现了主观与客观、能指与所指的密切关系。我们的祖先以这种思维方式发展了汉字，数千年使用汉字的实践又巩固了我们的这种思维方式。崇尚和谐是重整体思维的突出表现。对称与和谐使我们中国人既感到视觉美或听觉美，又感到精神的愉悦和心理上的满足。

英美人虽然也重视平衡对仗的语言美，却不及中国人这样讲究。中国的整体性思维体现在：汉语语法的隐含性、句法的意合性，以及词义的笼统与模糊性上。英美人的分析性思维体现在：英语语法的外显性、句法的形合性以及词义的具体性上。

3. 中国人重直觉，英美人重实证

"中国传统思想注重实践经验，注重整体思考，因而借助直觉体悟，即通过直觉从总体上模糊而直接地把握认识对象的内在本质和规律。"（季清芬，2004）

直觉思维强调感性认识、灵感和顿悟。这种思维特征来自儒家、道家、佛学的观念，也是"天人合一"哲学思想的产物。

汉语在理解语言时往往突出"意"，力图领会"言外之意"，不太重视对语言的科学分析。评价事物的优劣时往往采用杂感、随笔、评点等形式表明自己的感受和体会，较少用系统的理论进行实证考察式的论述。而英美人的思维传统一向重视理性知识，重视分析，因而也重视实证，主张通过对大量实证的分析得出科学、客观的结论，所以，英语的语言分析十分系统全面。不分析汉语句子的语法关系，我们还可以理解句子的意义，但若不分析英语句子的语法关系，特别是长句中错综复杂的关系，我们则不能理解英语句子的意义。

4. 中国人重形象思维，英美人重逻辑思维

中国人的形象思维方式的表现之一，是汉字的象形性，以形示意是汉字的重要特点。英美人中逻辑思维方式的特点则可从英语词语的功能性上看出。汉语的"指事字"也很形象，一看就知道其指称意义，如"上"和"下"，"一"和"三"。形声字的表意形旁代表所指事物，如："海""江""河"，都有偏旁"水"，表示它们和水有关。

汉语的量词数量多，文化内涵丰富，生动形象，这也是汉语形象化的表现。如"一面镜子""一朵花""一把椅子""一张桌子""一根棍子""一棵树""一件外套"等。在汉译英时，其英译文就只保留了原文的指

称意义，原文量词的形象性则未能保留。

博物馆文本翻译的目的无疑是为了更好地塑造良好的国家形象，更好地传播中国文化，但是如果忽视了中英思维方式的差异，一味地注重单方宣传，那么效果往往会适得其反。而很多博物馆往往在对外讲述中国故事、塑造中国国家形象时，将国外公众和国内受众的特征混淆在一起，用汉语的思维习惯向英语国家的人去讲述中国故事，"宣传味儿"很浓，使国外公众难以接受和认可，预期的传播效果也就难以达到。

三、博物馆文本翻译如何实现文化传播的功能

由于博物馆文本除了信息传递的功能外，还承担了文化传播的功能。因此，译文的交际目的不能只停留在介绍说明基本信息的层面，而更应尽可能地反映出原文所包含的历史文化信息，从而真正达到信息传递和文化传播的双重目的。翻译过程中译者需要着眼于译文的目的与其功能，注重原作意图而不是语言形式，采取相应灵活的翻译策略和手法，才能有效实现翻译的目的，实现文化传播的功能。因此，为了加强博物馆跨文化传播的效果，可以通过以下两种方式：

增强译者的跨文化意识，鼓励创新性翻译。翻译效果的好坏关键在于译者。译者在提高自己业务水平的同时，应增强自己的跨文化意识，始终以文化传播为己任。在符合英语表达习惯的前提下，译者可以大胆创新，寻找既最大限度贴近原文信息又能激发游客兴趣的译法，实现信息传递和跨文化传播的双重功能。

强化博物馆的转型升级，丰富展览形式。博物馆文本翻译不仅是文字活，翻译效果除了依靠译者的笔头功夫，与博物馆的展览方式也密不可分。因此，在馆内有机组合展陈文物，并辅以生活模型，采用声音、灯光、影像等数字化技术手段，讲述并还原生活场景，利用非语言符号进行跨文化传播（胡六月，2017）。

第四章

跨文化传播研究

博物馆是一个国家展示和宣传民族文化的重要窗口，在中国政府"走出去"战略的指导下，博物馆无疑是对外文化交流的重要资源。博物馆作为一种大众传播媒介，围绕着信息传播效果所开展的各类实践活动，都具有传播的意义，跨文化传播是博物馆的功能之一。作为跨文化传播的重要媒介，博物馆如何有效地对外传播本国文化值得深入研究与思考。翻译，尤其是展厅内的翻译，是博物馆信息传递和文化传播最直接的手段，翻译的高下优劣直接影响传播的效果（胡六月，2017）。

一、文化传播

文化传播，也被称为文化扩散，是指某种文化从其发源地经由辐射扩散的方式散布到其他地方，或指某一社会群体向另一群体迁移扩散的过程。根据文化传播扩散方式，可将其分为直接传播和间接传播。直接传播，按照其定义名称可知，指的是拥有一定文化认知能力的人们将某种精神或物质的文化内容通过商队、军队等方式直接传播出去，例如农耕技术或者科技发明等。间接传播，顾名思义，是通过某一特定群体借由复杂的文化扩散力将文明创造活动传播到其他种族文化中去，典型的例子为在中国古代瓷器出现的两个世纪后，欧洲也出现了发明瓷器的技术。

文化传播的过程受诸多因素的影响，包括文化的实用价值、传播难易度、文化声望、时代融合性和抗逆性。在实际的传播过程中，文化传播的介质或身份是决定传播过程中文化特征的关键因素，如 17 世纪欧洲传教士对古代中国建筑风格起到的巨大影响。

文化传播是一个复杂而长久的过程，不仅受到文化传播起源地、传播方式、传播介质和扩散因素的影响，还受到历史发展的时代局限，故而在文化传播的相关研究中，文化起源是关键，也是难点。

文化传播的区域研究是当前的探讨热点，如果一个区域蕴含的文化特征与某一区域有文化相似性，可推知本区域对外来文化的吸收力较强，内在文化较易受外来文化的影响。下面就结合文化传播过程的各个方面对博物馆的文化传播的过程进行分述。

（一）传播过程

文化是动态发展的，文化传播也是个动态发展过程。著名的文化人类学家林顿将此过程分成了三个部分：第一个部分是文化碰撞与凸显阶段。不同的文化成分和元素出现在一种文化中，并显现出来。第二个部分是文化元素的选择阶段。某种文化对于外来文化元素进行筛选、评价、过滤，最终呈现接纳或拒绝的结果。第三个部分为融合发展阶段。本族文化吸收接纳外来的文化元素，并将其融入本族文化中，从而形成具有鲜明时代性特征的文化内涵。根据区域文化发展模式，文化传播的方式更多的是采用由文化中心向四周扩散的方式，在传播途径中实现信息的逐次递减，越是离中心文化区远，文化内容与中心文化区的相似性越小。最边缘区域的文化内容与中心区域的文化内容差别较大，相似点越少，文化认同感越弱。因此，区域文化发展的方式是存在相似性，不存在共同性。

（二）传播方式

文化传播的实现离不开传播方式，恰当的方式可以实现文化的顺畅扩散。简言之，传播方式分为直接采借和间接植入两种。前者指的是将外来文化与本族文化直接碰撞，外来文化对本族文化产生直接影响。后者为间接传播，即某种文化元素在传入的过程中，未被直接引用，而是受到当地文化的洗礼，形成外来文化与当地文化的结合体，此种现象也被称为"刺激性传播"。

（三）传播媒介

文化传播的媒介主要是人的迁移和流动，尤以人群的迁移更为重要。移民、战争、入侵和占领等是文化传播的重要途径。移民带来异族文化，战胜国总是要把本国文化强加给战败国。此外，通商、旅游以及其他人员的流动，也是传播文化的重要媒介。在当代，由于交通通信技术手段的发达，文化传播的媒介增多，不一定依赖于人的迁移和流动。世界范围内的文化传播正在通过各种途径，以前所未有的规模和速度进行着，由此必然导致世界文化的同质性日益增强。文化传播是引起社会变迁的重要原因之一，有批判性采借和吸收外来文化是实行社会改革，推动社会进步的必要条件。

（四）博物馆与文化传播

博物馆，作为一个教育场所，其展陈呈现给观众的不仅是展品，更是其背后的丰厚文化，博物馆在公众教育中需要起到文化传播的作用。中国在博物馆的文化传播方面一直处于呆板的传统模式中，也就是只能通过观众前来参观博物馆才能实现其文化传播的作用。这种方式存在着许多局限性：首先，前来参观博物馆的观众只是社会中很小的一部分，更多的人从未参观过博物馆，而博物馆文化就传播不到这群人之中。其次，前来参观博物馆的人层次也大不相同，靠简单的参观陈列，部分人依然感受不到博物馆想传达的更深层次的文化。这种单纯依靠观众走进来看静物的模式已经不能满足社会对文化的发展和传播了。虽然近些年许多博物馆意识到了并做出了很大的改善，但如何做好博物馆的文化传播仍然是一个亟须解决的问题。我们需要改变传统思想，利用创新思维，开创一个"引进来走出去"的类博物馆文化传播平台。

博物馆优质的陈列展览形式虽然传统但却是传播平台的根本保障。在博物馆中以"物"为载体来进行文化信息的传播，这种文化氛围和文化资源是具有其巨大传播优势的。那对于因各种各样原因没有到博物馆参观或者没兴趣的人群单一地靠这种形式就很难达到文化传播的目的。随着社会的发展和人们需求的提升，博物馆要突破这群人的瓶颈就必须将他们"引进来"。首先应拓展博物馆内文化传播的方式，通过类博物馆这种新概念拉近博物馆和观众的距离。在博物馆的周边打造一个具有文化氛围的咖啡、茶类交流场地，利用讲座、沙龙等交流形式引进各类不同的社会群体。他们可以在类博物馆的环境下以自己最能接受的方式为纽带深入了解到博物馆中所蕴含的文化信息。这种互动式的传播方式能够让很多不喜欢单纯参观博物馆的人群在潜移默化中看到新的文化内涵，更愿意进一步了解博物馆文化，并带动更新一批群体来参与到其中，如此形成良性循环。其次要使类博物馆的内容形式多样化，利用不同的兴趣爱好深层次发掘出其与文化之间的关联。例如，通过茶文化的交流由今入古，深入发掘出古人的茶具茶饮方式，再回头由古至今推出一系列和茶具有关的文创用品。又例如通过旗袍文化的交流由今入古，深入发掘出古代仕女的服饰、配饰等，再回头由古至今推出一系列金镶玉之类的文创用品。让不同的群体在原本的兴趣爱好中渗入进古文化的内涵，再通过文创用品进一步感受古文化的意义所在。

博物馆的文化传播在以"物"为本渐渐转化为以"人"为本，通过人与人之间的交流碰撞，换个角度了解中国博大精深的文化内涵。在"引进来"之后需要跟上"走出去"，利用类博物馆这个平台让博物馆文化走向社会，走向更多的人群。博物馆通过各类文创用品的生活化让观众自然而然地深入了解到以前遥不可及的那些文物真正的用途和意义。

二、跨文化传播

跨文化传播学是传播学的一个重要分支或扩展（extension）领域。20世纪40年代后期诞生于美国，至70年代末期，逐渐发展为一门有系统理论体系的研究学科。此学科的研究指向拥有不同文化背景的个人、社团、国家组织之间互通的共同特征，不同文化间的意义表达，人类社会文化的发展和传播，同时还涉及文化与民族、种族之间在心理、习俗、跨文化语用、文化冲突与解决方法等时空性影响，其引申研究为文化的发展与延续、传播的方式和冲突管理、民族的文化自立与发展等诸多方面。

此处的跨文化传播专指跨文化交际，即来自不同社会文化背景的人员在多语种语境中的人际交流和信息传播活动，也可延伸为多种文化要素在全球背景下的交流、迁移和扩散的过程，以及对不同社会团体、组织、国家的影响。跨文化传播通常涉及两个层次的传播：①日常交流层面，指拥有不同文化背景的社会成员在日常交流中涉及的文化差异、文化冲突与解决方法；②人类文化交往层面，主要涉及在不同文化体系之间的交流、互动的过程中，出现的跨越文化传播层面的文化迁移与文化融合。基于跨文化传播的不同层面，跨文化传播学的研究方向就涉及与之相关的诸多方面：如描述某一特定文化间传播的方式、性质、阐释文化差异的描述性研究；基于文化异同，研究跨文化障碍、跨文化冲突及消除跨文化屏障的传播途径研究；为提升文化融合、促进跨文化交流有效性的跨文化扩散研究。

跨文化传播既是一种古老的人类历史文化现象，又是现代人的一种生活方式和重要技能，同时也是促进世界各国文化融合和全球文化多样性发展的助推力之一。为有效推进跨文化传播的发展，充分发挥跨文化传播的影响力，文化传播者需具备跨文化的专业能力，传播内容需增强其吸引力,传播媒介需加大其跨文化交流的有效性参与,实现人类命运共同体的深度融合。

文化人类学家是跨文化传播学的开拓者。从 20 世纪初期开始,以英国和美国的文化人类学家为先导,对人类不同文化的差异及跨文化传播活动的学术努力日益深入。在"二战"进入后期阶段之后,美国面临着一个现实的问题:如何确保美军能在新近占领的岛屿上与土著居民沟通与合作?由于美军对这些土著居民的语言和文化一无所知,美国政府就邀请了一些优秀的文化人类学家,专门研究这些地区的文化。在这一时期,研究者对跨文化传播研究的重要性产生了全新的理解,同时也积累了这样的认识:作为一门学科的跨文化传播学,应致力于考察那些对不同文化成员之间的人际传播最有影响力的文化因素。

文化人类学家鲁思·本尼迪克特(Ruth Benedict)的《菊与刀》(*Chrysanthemum and the Sword*)一书,就是美国政府在 1944 年委托研究的成果之一。当时,美国政府需要两个问题的答案:第一,日本政府会不会投降?盟军是否要进攻日本本土而采用对付德国的办法?第二,如果日本投降,美国是否应当利用日本政府机构以至保存天皇?正如本尼迪克特在《菊与刀》中所说:

> 严重的事态接二连三地出现在我们面前。日本人下一步将采取什么行动?能否不进攻日本本土而获致投降?我们是否应该直接轰炸皇宫?从日本俘虏身上,我们可以期望得到什么?在对日本军队及日本本土进行宣传时,我们将宣传些什么才能拯救美国人的生命,并削弱日本人那种抵抗到最后一个人的意志?这些问题在与日本人的沟通中也引起了相当大的对立。如果和平降临,为了维持秩序,日本人需要永远进行军事管制吗?我军是否要准备在日本深山老林的要塞中与那些疯狂的抵抗到底分子进行战斗?在世界和平有可能到来之前,日本会不会发生一次法国或俄国式的革命?谁将领导这次革命?或者,日本民族只有灭亡?

本尼迪克特的研究报告推断：日本政府会投降；美国不能直接统治日本；要保存并利用日本的原有行政机构——因为日本与德国的诸多不同，不能用对付德国的办法对付日本。随后的发展确如本尼迪克特所料，美国政府的一系列决策也与她的意见大抵一致。

"二战"之后，美国在世界许多地区建立了海外基地，与此同时，联合国、世界银行、世界卫生组织、联合国粮农组织等国际性机构也在纷纷建立。美国政府急需了解各个国家的政治、经济和文化情况。1946年，美国国会通过了《外交法令》(Foreign Service Act)，决定在美国国务院下设驻外事务处（Foreign Service Institute），专门为美国驻外的技术人员和外交人员提供专业的语言和人类学相关学科的文化学习和培训。这被很多学者认为是跨文化传播研究的开端。1958 年，美国南亚问题专家尤金·伯迪克（Eugene Burdick）等出版了《丑陋的美国人》(The Ugly American)，书中详细描述了 20 世纪 50 年代美国驻东南亚的外交官和经援人员漠视当地文化的令人反感的形象。美国国务院向驻外人员明确提出，应以该书为镜子来对照各自的行为。

文化人类学家爱德华·霍尔（Edward Hall）是美国驻外事务处任职的专家之一，他的主要工作是选拔和训练到国外工作的美国人。霍尔发现，美国人与他国人民相处时的许多困难是由于美国人"以我们自己的标准与他人交往"引起的，美国形象的不堪也与培训不足以及缺乏对其他文化了解的外交人员和出国人员有关。在发表一系列有关跨文化训练的论文后，霍尔在 1959 年出版的《无声的语言》(The Silent Language)中详细阐释了跨文化传播的研究的相关原则、跨文化传播训练的参与与体验方式；从单一社会文化群体的研究转向跨文化人际交往的层面研究；强调非言语传播；重视文化无意识；文中还提及非批判性的社会群体相对主义（Non-judgemental Ethnorelativism）；注重文化与传播的关系，同时，此书首次提及了"Intercultural Communication"一词，因此诸多学者认为，《无声的语言》的出版是跨文化传播学诞生的标志。

随后，20 世纪 60 年代，美国总统肯尼迪发起并创立了"和平队"

（Peace Corps），涉及多领域之间的交流合作，使美国学术研究领域对不同文化间的高效交流和传播产生了浓厚的兴趣。与此同时，美国国内正发生着少数社会群体间对于民权的争斗和逐步深化的文化多样性争论，这也促使美国政府认识到跨文化交流和传播在不同种族之间推广的重要性。美国国会于 1964 年通过了《民权法案》，这标志着美国政府开始正视少数族群文化的合法权利。此外，文化研究学家、人类社会学家和语言学家都纷纷投入文化传播的综合性研究中，旨在将自身单一的学科研究与不同社会群体、组织、文化团体及日益增强的国际合作与交流的跨文化研究结合起来。

在此过程中，跨文化传播的相关研究逐渐从社会人类学研究中分离出来，并发展成为传播学研究的一个研究分支，侧重对跨文化交流中产生的文化差异、语言误解、非言语交流等要素进行研究，尤其以理解人际层面的跨文化传播为主，同时探讨提升跨文化交际有效性的技巧和解决方法。随着跨文化传播的热度逐年递增，在 1961～1969 年，霍尔的《无声的语言》一书的发行量高达 50 多万册，并被译为六种语言畅销海外。霍尔紧接着出版了另一本著作《隐蔽的空间》（The Hidden Dimension），书中阐释了来自不同文化背景的人们的群体行为特征、学习特点、接受和对事物的反应特征，这本书不仅获得了学界关注，还获得了普通读者的关注。此外，其他学者也纷纷著作来阐述相关的研究成果，其中，1966 年，阿尔弗雷德·史密斯（Alfred Smith）主编了论文集《传播与文化》（Communication and Culture），此书汇总了知识界对于文化研究和传播学研究的进展，也展示了众多学者将两者结合起来形成的跨文化传播研究的努力。

当进入 20 世纪 70 年代，随着经济和科技的迅猛发展，世界各国间的往来日益密切，便捷的交通、实时通信技术的实现，人与人之间的交流真正实现了跨时空交流。因此人类社会学、社会心理学、语言学、传播学等诸多学科转向了与跨文化传播相结合的跨学科研究，这使跨文化传播学逐步发展成为传播研究领域的一门独立学科。在同一时期，美国传播协会（National Communication Association）与国际传播协会都成立了跨文化传播分会。1972 年，第一届跨文化传播国际会议在日本东京举行。1974 年，《国际与跨文化传播年刊》(*The International and Intercultural Communication Annual*) 创刊；1977 年，《跨文化关系国际杂志》(*The International Journal of Intercultural Relations*) 创刊。跨文化传播的相关出版社不断涌现出来，其中就包括著名的 Intercultural Press、Sage Publications 等。在众多跨文化传播的研究和教学著作中，颇具影响力的是拉里·萨默瓦等主编的《跨文化传播》(*Intercultural Communication*)，此书于 1972 年出版发行，每隔三年进行重新修订，并成为跨文化传播的专业教材。从此，美国高等院校开设跨文化传播的相关课程，并逐步推广。发展到 1977 年，美国已有 450 个教育机构开设了跨文化传播的相关课程，部分院校已设立硕士和博士研究点，并开始授予相关学位。

20 世纪 80 年代，跨文化传播学迎来了快速发展的时期，西方学界认识到了跨文化传播在学术研究和应用领域的重要性，并认可其在各方面的研究价值。1989 年，阿森特 (Molefi Asante) 与古迪孔斯特主编的《国际与跨文化传播手册》(*Handbook of International and Intercultural Communication*) 汇总了前人众多的研究成果。由于跨文化传播学在国际学术领域的重要价值，其研究成果得到了更多的认可和关注，并被广泛应用于外交、国际贸易和经济管理等机构，特别是美国和欧洲一些国家纷纷成立进行跨文化传播训练的专门机构。除了应用领域的广泛推广，跨文化传播学在学术界也得到了进一步的深入探索，随之而来的是以传播学和跨文化为支撑的多学科研究，包括跨文化话语分析学、跨文化语用学、跨文化心理学等分支科学，广泛的研究领域将跨文化传播的应用价值也提升到了愈加广泛的领域。

进入 20 世纪 90 年代以来，人类各个文化之间的交融和冲突日益频繁，呈现着不同层次的摩擦、矛盾和冲突，跨文化传播愈加成为社会科学研究特别关注的对象。正像萨默瓦指明的，"生产的流动性、不断增多的文化交流、全球化市场以及具有多元文化的组织和劳动力的出现——这些都要求我们掌握适应多元文化社会和全球村生活的技能"。学界更为深刻地认识到，跨文化传播能力的掌握可以帮助人们与不同文化进行比较，改善人们的自我认识，促使人们重新审度自己的文化。跨文化传播学的研究议题也变得更为多样，全球化趋势与本土化的矛盾分析、文化多元与文化霸权已成为探讨的焦点之一，现代性、反思性和文化认同危机等问题正在被广泛关注。一些学者还借助后殖民主义、文化帝国主义、女性主义、知识话语权力理论等，对跨文化矛盾和冲突的根源进行更为深入的探讨。

三、跨文化传播模式

1959 年，爱德华·霍尔在其著作《无声的语言》中，指出"大多数外国人"对美国外交官的敌意源自美国人忽视其他国家的期待，"以我们自己的标准与他人交流"的行为方式。对此，霍尔声称，"是美国人学会如何有效地与外国人交流的时候了"。正是在这种背景下，他建议美国国务院外事服务讲习班实施跨文化传播训练计划。在 20 世纪五六十年代，此举被认为是跨文化传播研究的开端，但当时它还是应用人类学的一部分。直到 20 世纪 70 年代，它才从人类学中分离出来，成为传播学研究领域的一部分。

正是由于《无声的语言》一书奠定了跨文化传播研究的基础，它在今天依然值得我们深入探讨。首先，在这部开山之作中，霍尔阐述了他关于文化、传播、跨文化传播的种种观点，影响巨大。他明确指出，文化即传播，传播即文化。以传播定义文化传承至今，一直影响着跨文化传播的发展。尤为重要的是，他强调了非言语传播（即无声的语言）或被他称为人类传播中的"行为语言"的作用。他指出："对他国的语言、历史、体制、习俗方面的正规培训只是全方位计划的第一步。对世界各国不同群体的非言语语言的介绍推广也同样重要。"霍尔认为，对外国行为模式的忽视是美国外交官们在外国遭遇误会与麻烦的关键原因。其次，《无声的语言》标志着对文化的微观分析替代传统人类学对文化宏观分析的开始。在该书中，霍尔指出非言语传播的不同维度，如时间观、空间感、面部表情、肢体动作之类，这些细小的因素都属于文化构成体中的一部分，值得细致观察与分析。最后，有别于人类学一次仅仅研究一种文化的方式，在《无声的语言》中，霍尔通过对各种文化中非言语行为的比较，首次对两种或两种以上的文化进行比较研究。

总之，正是霍尔与其《无声的语言》一书开创了跨文化传播学研究。此后半个多世纪以来，跨文化传播的研究持续发展，现在已经成为一门前景看好的热门学科，并在这一发展过程中，产生了多种跨文化传播模式（常燕荣，2003：101）。

跨文化接触与传播有很多种不同的模式，其中有四种尤为突出，即民族中心模式、控制模式、同源融合模式和对话模式。目前，对话模式是四种模式里最为理想、最受青睐的一种。

（一）民族中心模式

如图 4-1 所示，在民族中心模式中，A 完全根据自己的推理框架对 B 进行理解，B 只是 A 的影子。B 文化的统一性、独特性和不同之处都被完全忽略。交流是单向的，A 完全将自己文化的思维方式强加于 B（Kincaid，1987：320）。

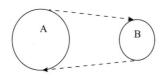

图 4-1　民族中心模式

这一种传播模式的实质是基于民族中心主义（Ethnocentrism）。此处的民族中心主义指的是认为自身文化优越于他人文化的信念，可被宽泛理解为轻视他人文化。美国社会学家孙墨楠（William Graham Sumner）给它下的定义是："以其个人所属群体为一切事物的中心为出发点来看待事物，对其他所有群体则按照自己的标准把它们分成等级……每个群体都认为只有自己的社会习俗是恰当的，看到别的群体有不同的社会习俗，就会嘲笑。"简言之，民族中心主义是将持有主观主义的态度施加于他文化之上，以自文化的生活方式为基准，去否定或贬低他文化的生活、思维方式、文化习俗等。从广义上来讲，所有群体及其文化都持有民族中心主义的偏见，人类学被认为是一门民族中心主义最少的社会科学。博厄斯认为，对民族和国家来说，民族情感是一种纽带。这种纽带通过扩展个人活动领域，使权力有可能加强，并通过设立明确的理想来扩大合作的群众数量。此种情感产生积极性和创造性的影响，同时也伴有对他文化的偏见和排挤，在任何情景中，都强调和注重自文化的认同感和价值感，这就是民族中心主义产生的过程。换言之，民族中心主义体现了无条件无理性的支持自文化，并将此种情感展现出的优越性发挥至极，以此来激发本族成员的团结和对他文化的贬低。一旦情感表达过度，就可能引发不同文化群体间的文化冲突。

不可否认，每一种文化都具有独特的价值和魅力，每种文化都有独立的内涵意义，此种独立性是唯一不可取代的。一切文化价值都是相对的，各民族文化在价值上是相等的。民族中心主义是一种应该摒弃的思想观念。那么，在跨文化传播的过程中，民族中心模式往往也都会以失败告终。

（二）控制模式

如图 4-2 所示，在控制模式中，B 完全处于 A 的掌控之下，A 完全根据自己的需要对 B 进行随意的取舍。B 文化的独特性和不同之处虽然得到了认同，但却完全受到 A 的操控（Kincaid，1987：320）。

图 4-2　控制模式

这一模式是文化控制的一种体现。

文化控制指的是将共享价值观、共同愿望、共同的行为标准等文化元素施加到其他文化的组织中，对其他组织中的个人或群体产生控制力。文化控制的发展路径为从被动管理到自我管理，加强组织文化建设是文化控制的关键措施。此处组织文化指的是经过长期实践而形成的具有本组织特定价值观、团体意识、行为规范和思维模式的总和，这些思想观念和思维模式得到该组织成员的普遍认可。因此，组织文化可被认定为团体共同价值观，但却未对组织成员产生强制力，只凭借自觉的理性约束，它通过组织共同价值观向个人的不断渗透和内化，使组织自动生成一套自我控制机制。组织文化在尊重个人思想、情感的基础上，对个人施加影响控制力，逐步将团体的目标达成转换为个体的自觉行为，从而实现个人与组织的目标一致性。文化控制特定的软性控制力比强制的控制力具有持久性和个体自觉驱动性。在知识经济发展的今天，组织的某些问题的模糊性与不确定程度很高，不可能有标准化或程序化的工作方法，正式控制很难发挥作用。

在世界民族之林中，不同民族、不同文化、彼此分属不同文化群体，没有哪一种文化主动接受别种文化的控制，因此，控制模式在跨文化传播过程中也只是一厢情愿的美好愿望。

（三）同源融合模式

如图 4-3 所示，同源融合模式有三种可能的结果。一种是 A 与 B 融合产生第三种文化 C，这也就是所谓的"文化的大一统"，是所有民族都不喜欢的。另外两种结果就是貌似对话模式的"假对话模式"，在一种情况下，A 融入 B 而失去自己的独特性；另一种是 B 成为 A 的一部分。这三种情形都是文化融合的结果（Kincaid，1987：320）。

同源融合模式其实也是一种文化整合。所谓文化整合就是将不同特质的文化通过相互接触、交流进而相互分拆、合并等所形成的一种全新文化。此模式不单是原有文化内容的简单组合，而是择优并融合发展，

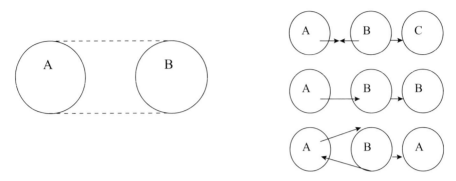

图 4-3　同源融合模式

在达成共识的基础上组建具有关联性和一致性的新型文化模式。在全球化的今天，伴随着文化交往的日益密切，不同文化彼此学习彼此影响，确实出现了一些融合现象。但是，正如前文"文化冰山"理论中所提及，文化可以分为显性文化与隐性文化，能够融合的、快速变化的都是一些显性的文化，例如服装、语言等。而隐性文化则是彼此不相容的，例如宗教思想，不同民族不同文化之间只能彼此尊重，很难实现融合。

首先，大多数的文化整合模式研究均以 Berry 于 1984 年提出的文化适应模式为基础展开。然而 Berry 侧重从文化的"被侵犯"（Invaded）角度去探讨被入侵方成员的文化选择倾向，此种需建立假设条件，即群体成员有文化选择的自由。对此前提的忽视，引发了其后学者们在采取"拿来主义"时产生了语义上的混淆以及理论与现实的脱节。

其次，以前的文化整合模式（如分离式、融合式、同化式等）往往忽略文化整合发展中的阶段性和关联性。例如，对于分离模式的研究，过于强调文化交流双方在文化上的分离、独立。同样，同化模式也是在强调以主导文化为标准，如何对被入侵文化进行改造，而忽视了被入侵文化的独特性。因此，传统的文化整合模式在实践应用上显得过于单一和极端，缺少文化整合的动态性和连续性的描述，从理论上来说，传统的文化整合模式不足以指导文化整合实践。

最后，学者对于文化整合模式的研究往往侧重于从文化交叠的视角讨论文化交往中如何处理文化冲突，如果过分突出模式之间的差异，研究将忽略对不同文化整合模式间内在关系的探究。文化融合模式有几种不同的类型。

1. 注入式

在文化交流过程中，双方的文化强弱力区别明显，优势文化更容易获得广泛认同，具有主导影响力。在此种情形中，优势文化经由特定方式和手段，将本族的精神文化、物质文化等文化内容强制施加到他文化中，他文化中的弱文化因子会因受到优势文化的冲击而被取代。

注入式文化整合模式有其特有的优点，即在整合过程中，强势文化发挥核心主导作用，在向弱势文化扩散过程中，加速融合的进程，起到明显的成效。其弊端为，此模式的发展是一种由上而下的侵入融合，最终实现强势文化取代弱势文化，可以想象这一整合侵入的难度之大，若要某一民族完全舍弃原有文化并适应强势文化的新挑战是极其困难的。

2. 渗透式

此模式是平等发展模式，在不改变各自文化内涵的前提条件下，两种文化互取所长、融合发展。两种文化背景下的成员衡量自文化优劣，对他文化的优秀元素加以筛选，不同文化成员确认各自的文化差异，以寻求新文化生长的共同点，达到文化共识，在此基础上构造新文化体系。

渗透式整合模式应注意以下问题：第一，扭转观念，接纳、尊重他文化。在文化传播过程中，易发生两种文化的冲撞产生主次之分，不同文化倾向于主导文化交流，希望改变他文化的文化价值，来适应自文化的发展，此种思想易引发文化交流不对等，造成文化价值的融入，故双方应秉持相互尊重的态度，加强融合，促进文化互通。第二，加强文化间融入。两种不同文化的交流需要长期的磨合与交流，因此，双方文化应做好持久的准备，将文化间的发展、交融与长期的互联相结合，将求同存异的文化观念与最终的文化大融合结合起来，在一定时期内应允许不同文化存在，以减少文化冲突造成的冲击。

3. 分隔式

此种模式指将两种文化分离开来，保持各自的独立性，较大程度地保留自文化的独有元素，双方除了不可避免的文化接触，保持相互的自主力，互不融入。分隔策略的目的是预防和避免冲突。

分割模式可有效避免他文化的入侵，保持自文化的独立，减少双方文化的碰撞，缓和彼此的紧张关系，有效避免文化冲突。但只是一种权宜之计，往往不利于跨文化沟通的顺利进行。

4. 破坏模式

这种文化模式是指强势文化竭尽全力抵制、避开、摧毁弱势文化，来瓦解弱势文化，破坏其内部结构，从而将强势文化贯穿到弱势文化内部结构里。此种模式的突出特征为：破坏文化个性的独立性，拒绝吸收新的文化模式。它的实施往往会伴随着大量的混乱、沮丧、愤怒和紧张情绪，会受到被入侵文化的强烈抵抗。

5. 反向同化型

反向同化型文化整合是一种比较特殊的文化整合模式，当被入侵文化实力足够强大时，入侵文化在文化上可能会被反同化。

（四）对话模式

如图 4-4 所示，在对话模式中，A 与 B 各自保存着自己的独立性与独特性，它们之间是一种对话关系，在各种独立的同时又相互依存，失去对方，也就失去了对话的对象。两者相互依存，相互尊重（Kincaid，1987：320）。

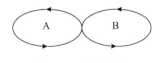

图 4-4 对话模式

对话模式是不同民族和文化沟通交流的健康模式，一个民族，不论大小，都有其独特性；一种文化，不论强弱，都是其民族智慧的结晶。在当今历史舞台上，只有不同民族和文化彼此尊重，和平对话，求同存异，才能真正实现健康有效的跨文化交流和传播。

四、文化辐合会聚理论

文化辐合会聚是人类交流的基本原则。"辐合会聚"意味着两个或两个以上的个体朝着一个共同点、朝着对方或者朝着统一靠拢。在交流的过程中，交际双方共享信息，并逐渐达到更大程度的互相理解（Kincaid，1988：282）。根据这一原则，两个或两个以上的个体共享信息，并通过交流与信息反馈逐步向同一点会聚，从而逐步达成统一。"朝着对方"和"朝着统一"靠拢并不意味着两者的合二为一或者实现"大一统"，而只是描述出了一种交流的倾向，是交际双方达成互相理解的一种可能性。在此，研究将参照传播的辐合会聚模式（见图4-5）。

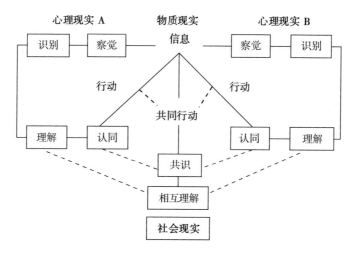

图4-5　传播的辐合会聚模式

传播的辐合会聚模式源自信息论的一些基本概念，根据这一模式，两个不同的社会群体分别对同一信息进行察觉、识别、理解，最终通过认同该信息而达成共识，最终实现彼此的相互理解。那么，在跨文化交流过程中，持不同语言具有不同文化背景的两个社会群体也可以对同一信息源进行分享。他们也有可能在某种程度上对同一种文化现象达成共识，彼此认同，那么这些也就是人类的共同文化；当然，还有一些文化因其独特性而很难得到理解与认同，那么，这也是正常的，属于民族特色文化的一部分。

在传播的辐合会聚模式基础之上，Kincaid 将"交流"定义为"两个及两个以上的事物朝着一个共同点、朝着对方或者朝着统一靠拢。在交流的过程中，交际双方共享信息，并逐渐达到更大程度的互相理解。"（Kincaid，1987：210）当然，交流只是一个辐合会聚的动态过程，Kincaid 也认为相互理解只是一种趋势，绝对的相互理解永远不可能实现。也就是说，"通过几轮信息的交换与反馈，两个或两个以上的个体可以更多地理解对方"（Gudykunst，2005：69）。

总之，文化辐合会聚并不意味着不同的文化最终会统而为一，它只是一种趋势，是交际网络中信息的一种流动。因此，在实际交际的过程中，交际双方可以通过控制固体的交际因素而在保护文化独特性的基础上达到互相理解。

五、文化辐合会聚理论在博物馆文本翻译中的应用

在上文传播的辐合会聚模式与对话模式的基础之上，本部分将文化的辐合会聚理论应用于中国博物馆文本翻译的研究之中，构建了一个翻译模式（见图 4-6）用来解读博物馆文本英译的翻译过程。

其中，图 4-6 中的 A 代表 A→A，B 代表 A→B，0 代表 A→0：

A→A（完全对等）

A→B（部分对等）

A→0（零对等）

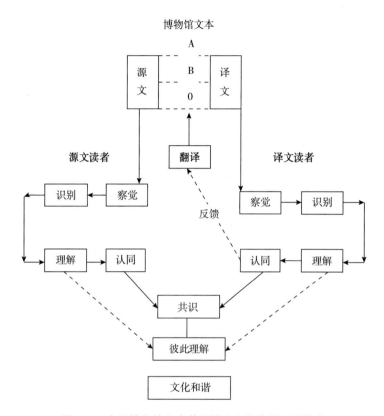

图 4-6　中国博物馆文本英译的跨文化传播翻译模式

如果在译入语中能找到形式和内涵都对应的表达（A→A），可采用拿来主义，将直译的翻译方法运用到实际翻译实践中，例如：

彩陶钵　painted pottery bowl

陶瓷棺　pottery funeral urn

陶排水管道　pottery drainage pipe

灰陶罐　grey pottery jar

铜铃　bronze bell

在以上例子中，根据这些汉语意向和功能，"钵""棺""管道""罐""铃"在中国传统文化中与英语中的"bowl""urn""pipe""jar""bell"物指意向是对应的。

如果英汉语中的表达内涵相同，形式不同（A→B），也可以通过改变其形式形成对应，例如：

绘彩陶壶　painted pottery vase

在这一例中，"壶"和"vase"根据器物的功能是相对应的，但是在现代汉语和英语中它们所代表的是不同形式的东西。

在上述两种语境中，博物馆文本的文化内涵得到了充分传达，因而译文读者可以实现文化信息的交换，理解译文所传达的中国文化，进而与源文读者达成共识，彼此理解。

然而，有些时候上文所提到的对应是不存在的（A→0），也就是说，某些文化因子是一种文化所独有的，无法在译入语中找到对等的译文表达，此时，译者须创造一个新的表达来传递跟原文化相对应的内涵意义。这也是容易出现文化不对等的地方，译者在弥合文化沟壑的翻译实践中应注重由此产生的翻译偏差。例如：

王子午鼎　"Prince Wu" ding

鸮卣　xiaoyou（Bronze owl-shaped jar, wine vessel）

灰陶觚　grey pottery gu

陶簋　pottery gui

原始瓷尊　proto-porcelain zun

原始瓷豆　proto-porcelain dou

中国文化博大精深，汉语言表达充实丰富，上述表达在英文中缺乏对等译语，为了追求形合意合，对应的翻译方式应运而生，即"英语＋汉语独有词"，即通常所说的汉语式英语（China English）。这种类型的表达传承汉语言文化的内涵与意义，在译文不对等的语境中有着极其重要的桥梁作用。没有它们，中国与外界的交流是不可能进行的（Kulich，2007：157）。但是为了增强此类译文的交流有效性，译者应注意，在创造一个新的译文表达时，给予详细的译文说明，尽量让目的语读者全面理解译文传递的文化内涵。基于此种模式，本书对博物馆文本英译进行了具体的分析，努力寻找目前博物馆文本翻译中依然存在的问题与不足。

第五章

中国博物馆文本研究

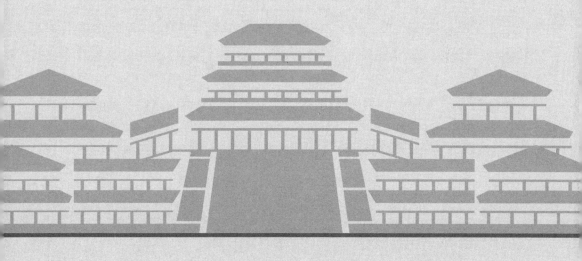

一、语言的基本特征和功能

语言是人类特有的能力之一，这点将人类与其他动物区分开来，人类利用此特征来进行交际、沟通，因此，语言是人类最主要的交流工具，也是维系不同民族间互联的纽带。语言由众多元素构成，其中词汇是其最重要的有机组成成分。如果说语音是承载语言的物质外壳，语法是语言表达的通用结构规则，那么词汇就是语言的内容载体，它还包含各个语种的文化内涵。

人类种群的区别可以用语言类别来区别，虽然表达、形式、内容、结构、语法各不相同，但是语言作为人类的通用交流工具也有其普适性特征。由于语言的产生由跟其依赖的种群环境产生，因此，每种语言都带有其文化的内涵和独特意义，因此语言的独特性也很突出。以语言为载体出现的差异性就是所谓的民族性，这是一个民族语言的真正内涵，是一种语言区别于其他语言的本质特征。总之，语言的独特性，即其独立性，是语言第一位的特征；其普适性，即其共性，是语言的第二位特征。脱离了语言的第一位特征，其第二位特征也将无意义。那么语言的独特性承载了所植根的文化的独特性，在沟通交流中，某民族的语言特征就与其文化传统、文化特性紧密相关。

词汇作为语言的载体，更是被打上了文化的烙印，其民族色彩源于文化的民族性。帕默尔曾经说过："语言忠实地反映了一个民族的全部历史、文化，忠实地反映了它的各种游戏和娱乐，各种信仰和偏见，这一点现在是十分清楚了。"所以，词汇作为构成语言的承载者，也充满了文化内涵。词汇体现文化内涵的民族性，将文化态度与其道德观念、价值取向、宗教信仰和情感色彩结合起来，体现词汇的民族性。

拿西方文化为例，古希腊文化是西方文化的发展源头，西方文化是典型的围绕海洋为起始点的多元文化的代表。由于受其起源地的影响，西方文化中体现多个地域的民族文化性，如希腊的个人主义、罗马的群体组织（法律、军事、政治）、希伯来的宗教信仰和现代科技，众多元素糅合在一起，形成一个有机体，其形式多样，富于变化。西方文化中所展现的各个民族的文化特色，也给词汇蒙上了浓厚的民族色彩。以使用最为广泛的英语为例，在其形式呈现上，英语是具有线性特征的表音文字系统，是抽象的，具有不可解性；从其内容上看，虽然英语的词汇在某些表达上与汉语的表达有相似之处，但蕴含在文字背后的词汇引申义和联想意义却是不同的。例如，汉语中"龙"与英语中的"dragon"都有传说中"有鳞有须有爪的神异动物，能喷火和兴云作雨"之意，作为对这一动物的基本释义，英汉两种词汇是一致的。但是，由"龙"所引发的联想意义，在两种语言中却有天壤之别：在汉语中，龙是中华民族远自上古以来一直备受尊崇的神异动物，被赋予了超凡神力与智慧，从而成为中华民族的象征；在英语中，"dragon"却是无恶不作的怪物。在英国乃至西方很多文学作品中，龙常常被当作罪恶的象征而加以打击和毁灭的。再如"white elephant"一词，汉语中不乏以此为商标的，"白象"方便面便是一例。但在英语中"white elephant"指的是"累赘而无用的东西"。由此可见，对同一词汇，尽管人们对其基本看法是一致的，但由于这种词汇所产生的文化背景不同，因而在其延伸意义上，每个民族总是把自己的爱与憎、美与丑、善与恶、悲与喜等感情色彩融于词汇之中，形成鲜明的民族色彩。概括来讲，语言有以下几个方面的特征：

（一）语言是一种符号系统

语言作为人类特有的交流工具，拥有一个独特的符号系统。作为语言的本质特征，符号被用来指征并代替客观事物，具有音意和形表两方面意义。声音作为语言的物质形式，语言符号是声音和意义的集合体。符号的形式与意义的结合是任意的，没有什么必然联系；语言中的音和义的关系也是约定俗成的，由社会习惯所定。语言符号的形成是社会成员根据日常进行的"约定俗成"，强制性受社会规约的影响，并被社会成员遵守，无法进行随意变更。语言发展的子系统又可被分为不同层次的结构，由作为备用单位，用来构成符号形式的音位和作为使用单位的音译结合的符号——语素及符号序列——词、句子等层次构成，凭借此方式，语言大系统内形成了语音、词汇、语法、语义等分支系统。以语义系统为核心，各分支系统既各自独立，又相互依赖，紧密联系。语言系统依照组合规则和聚合规则关系来组织和运作。

（二）语言存在于言语之中

根据瑞士语言学家索绪尔对语言的言语的区分，语言是对言语的抽象和概括，常常指作为社会惯例的语音、词汇、语法的规则系统；言语是语言的表现形式，也可以说是个人对语言在特定环境中的运用，即运用语言的词汇和语法手段组成具体的话语。

（三）语言有生成性

语言的生成性特征造就了语言的句式的无限性，此特征可实现语言在有限的规则里生成无限的表达意义和句式形式。由音位到语素到词到句子，层级递增。语言的生成性也为翻译中对等词汇的空缺提供了解决思路：根据特定线索创造性翻译。

（四）语言是人类最重要的交际工具

语言的交际功能体现在它的工具性特征上。语言交际是通过交际双方以口头或书面的形式进行文字交流活动，进而实现意义的交换和沟通。具体实现方式为：采用读和写去表达意义，采用听和说来理解交流内容。

（五）语言是人类的思维工具

语言的另一特征为思维，即是人脑对外部世界的客观性认知，并通过主观思维进行加工创造，表达出带有一定主观态度的内容。思维作为发挥大脑主观能动性的认知能力，可以分为技术思维、形象思维和概念思维。人类的主要思维活动——概念思维必须借助于语言，通过概念、判断、推理等形式来进行。思维过程必须通过语言来实现，思维结果必须通过语言来固定、完善并保存、传播。人类的思维方式、思维规律必须在语言中反映出来；语言的结构特点也在一定程度上影响到思维的方式和习惯。人类的思维能力具有民族性特征，不同民族的思维力差别不大，但思维方式既有共同性，也体现出差异性。其共同性使不同民族文化的人类可以相互理解；差异性使双方在交流中出现文化冲突，这也是民族性思维方式体现最明显的地方。

（六）语言产生于特定的社团并体现该社团的文化

世界上语言有 5000 多种，各种语言间有一定的"普遍特征"，但是不存在全人类共同使用的语言。语言分类有很多，但大致上是按照民族特征来分门别类的，不同民族有不同民族的生活环境、不同的社会文化背景和不同的思维方式。这就形成了语言不同的特点。语言离不开民族或社团的文化。因此，语言是文化体系的有机组成部分之一，反映文化特征，传递文化内涵。若想很好地理解语言的内涵意义，需对此语言来自的文化背景学习，而对此文化的深入理解可以凭借对其语言体系的全面深入研习。跨文化交流需要交际双方舍弃母语的影响，学习彼此文化中的语言交流，运用第二语言进行交际是一种跨文化的交际，必须遵守该语言的社会文化规约和社会习惯。

（七）语言是人类独有的

语言功能是指语言发挥的作用，用语言做事，或者说用语言完成交际任务。

语言功能是语言在实现人的具体目的中所起的作用。一般地说，语言有三种基本功能：从人与文化的关系看，语言是文化信息的载体，是人类保存、传递、领会人类社会历史经验和科学、文化、艺术成就的手段；从人与世界的关系看，语言是人认识世界的工具，人们既用语言进行思维，又用语言调节行为；从人与人的关系看，语言是交际方式和交流思想的手段。

二、语言的功能

语言在我们生活中无处不在。语言是一种社会现象，是人类最重要的交际工具，也是重要的思维工具。说话是为了表达自己的思想，进行人与人之间的交际。而说话所用的语言是表达思想，进行交际的工具。语言是丰富多彩，变化多端的。歌唱家用语言唱出优美动听的歌曲，艺术家用相声逗着我们开怀大笑，老师用语言谆谆教导孩子，情侣们用甜言蜜语诉说彼此的感情，老爷爷老奶奶用简单朴素的语言回忆着往日的岁月。语言拉近我们的距离，加深我们的感情，增长知识，使生活更加充实、精彩。总之，语言与我们息息相关，无处不在，促进社会向前发展。

心理学家哈利迪认为，可把儿童习得语言的过程视为逐步掌握语言的各种功能的过程。他相应地提出了七种语言功能：工具功能、调节功能、相互作用（交往）功能、个人表现功能、启发功能、想象功能和信息功能。

而社会语言学家则认为，语言的主要功能可概括为：表白功能、认识功能、人际功能、信息功能、指令功能、执行功能、情感功能和美感功能等。

韩礼德认为儿童语言发展中有七种功能：

（1）工具功能——用语言表达愿望；

（2）控制功能——用语言支配或控制别人的行为；

（3）交往功能——用语言与别人交际；

（4）表达个体的功能——用语言表达自己的个性、感情，发现自我；

（5）启发功能——用语言询问以认识周围世界；

（6）想象功能——用语言创造自己想象中的世界；

（7）信息功能——用语言传递信息。

同时，韩礼德把成人的语言功能归纳为三种：

（1）观念功能——表达主观经验和客观经验；

（2）交际功能——表达社会关系和私人关系；

（3）话语功能——使语言的组成部分连贯衔接。

而在博物馆文本翻译这一主题的探讨中，语言的七种功能将是重点研究方面之一，通过对语言功能的探究，才能更好地界定需要翻译处理的文本类型，然后才能针对性地采取最好的翻译策略以更好地传达信息。其中，在笔者看来，博物馆文本体现的语言功能主要就是表达功能、信息功能和传播功能。

（一）表达功能

所谓表达功能，也就是语言主体可以通过语言来表达自己的思想和主张。对于博物馆文本而言，表达功能也不例外：博物馆文物的名称往往表达着美好的愿望，博物馆展馆的前言表达的是博物馆人对文物的热爱和吸引观众的愿望，以及帮助观众获得概览的心愿。例如河南博物院的镇院之宝之一贾湖骨笛（见图5-1）。

器物名称：贾湖骨笛

所处时代：新石器时代

器物规格：长23.6厘米

出土时间：1987年

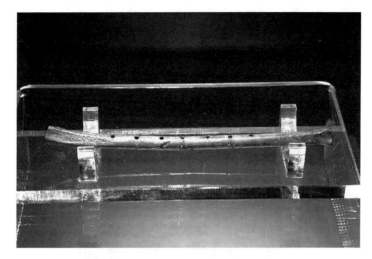

图 5-1　贾湖骨笛

资料来源：河南博物院官网。

出土地点：河南舞阳贾湖遗址 M282 号墓

对于这样一件文物有这样一段文字介绍：这是一支来自远古的笛子，它出土于河南中部淮河上游流域的舞阳贾湖新时期时代遗址中，以鹤类禽鸟中空的尺骨制成，可以演奏出近似七声音节的乐曲。它的出土，改写了中国音乐起源的时间和历史，是中国古代音乐文明史的奇迹。

这样的文字描述无疑表达出了现代人对于贾湖骨笛这一宝物的热爱和珍惜，表达了这一文物出土的非凡意义。

（二）信息功能

信息功能是语言最基本的功能，对于博物馆文本来讲，信息功能也是最为重要的。博物馆文本不仅提供了针对某项文物研究所得的基本信息，也提供了相关的文化信息，在跨文化传播过程中具有非常重要的作用。例如河南博物院最早的藏品之一，也是河南博物院的镇院之宝之一的莲鹤方壶（见图 5-2）。

器物名称：莲鹤方壶

所处时代：春秋时期

图 5-2　莲鹤方壶

资料来源：河南博物院官网。

器物规格：通高 117 厘米，口长 30.5 厘米，口宽 24.9 厘米

出土时间：1923 年

出土地点：河南省新郑李家楼郑公大墓

这一名为莲鹤方壶的展品，连同其文字描述和图片，提供了与其相关的所有信息，当然，相关的文字介绍则提供了其背景信息和重要意义：壶是青铜酒具的一种，也是青铜礼器的重要种类之一，古人以此器祭神祀祖，飨宴宾客。作为青铜时代极具生命力的一种铜器类别，铜壶的器形不断变化和发展，而莲鹤方壶则是青铜时代承上启下的绝代珍品，也是河南博物院前身河南省博物馆最早的藏品之一。

（三）传播功能

博物馆里的文本，通过表达文物的珍贵和历史意义，通过传达文物相关的专业和文化信息，目的都是传播中国的传统文化，让更多的现代人通过文物及其介绍了解中国的历史，了解古人的智慧。而在世界范围内而言，博物馆文本的翻译无疑就是一种跨文化传播，成功的博物馆文本翻译可以帮助外国游客更好地了解中国的文化，更好地了解和认识中国，能够更为客观地看待中国。例如，上文提到的莲鹤方壶的名称里就包含了丰富的文化信息：鹤寓意延年益寿。仙鹤在古代是"一鸟之下，万鸟之上"，是仅次于凤凰的"一品鸟"，明清一品官吏的官服编织的图案就是"仙鹤"。同时鹤因其仙风道骨，而被认为是羽族之长，自古被称为一品鸟，寓意第一。一品是古代最高官阶的名称，皇帝以下文武百官共分九级，一品最高。仙鹤也被认为是鸟类中的高贵鸟类，表征富贵和长寿。传说它享有几千年的寿命，仙鹤独立，翘首远望，姿态优美，高雅大方。这样的文化信息无疑可以帮助大家更好地理解中国文化，进而传播中国文化。除此之外，在中国文化中，大家所熟知"龙""凤"都包含着完全不同于西方文化的内涵，都是非常重要的"中国元素"，都在跨文化传播中起着非常重要的作用。

三、文本类型

按照传统分类，我们一般将文本按照题材进行分类，如文学类、科技类等。但纽马克认为这种区分对语言本质的揭示不够深刻。因此，他另辟蹊径，按照新的标准和角度，将已存在的文本分类模式进行重组改造，划分出新的归类方法。他以语言的七大功能为切入点，在修正布勒、雅各布逊的功能模式的基础上，提出了一套自己的文本功能及其分类理论。

纽马克划分语篇（文本）类型的分类标准为语言功能，语言在不同时期被划分为不同的范畴。最初，在《翻译探索》中纽马克就把语言功能分为三种：表情功能（expressive function）、信息功能（informative function）和感染功能（vocative function）。

在《翻译教程》中又增加了三种功能，即美学功能（aesthetic func-

tion）、寒暄功能（phatic function）和元语言功能（metalingual function）
（Newmark，1998：19-44）。

根据语言功能，纽马克把语篇（文本）分为三种类型：表情型文本
（expressive text）、信息型文本（informative text）、感染型文本（vocative
text）。

他指出，一种类型的文本可能同时拥有三种语言功能，但这三种功
能并不是处于相同的地位，而是其中一种功能起主要作用。译者应根据
不同文本类型，采取不同的翻译策略和方法。这是功能语言学和语篇分
析理论应用于翻译和翻译研究的核心思想和主要贡献。

（一）表情型文本

表情型文本（expressive text）强调语言的表达功能。表达功能的核
心是话语传递者，即讲话人，用语言来抒情表意，传递个人态度，文
中作者的独特视角和态度传递也是对讲话人态度表达的重要补充。这
种类型的文本注重原作者的立场和态度，忽略读者的读后感和情绪影
响。此类文本一般涉及题材严肃、富于想象力的文本作品，如戏剧、
诗歌和长短篇小说。这类文学文本在翻译时需要借用富有文化内涵意
义的表达译文，这其中就包括著名文本和权威文本。不论是著名文本
还是权威文本，其作者的文学威望较高、读者群体认可度高而且个人
语言运用能力强，包括一些政治演说、科技著作、法律文件和哲学书著
等。此外，也包括自传体、个人信函等直接表达作者情感与生活的文本
题材。此类文本翻译时要注意一些作者个性化的搭配和句法、独创的比
喻等。例如：

The law prohibits private individuals from manufacturing, im-
porting, possessing, and bearing noise reducers, mufflers and si-
lencers and ammunition appropriate for using with them.

【译文】法律禁止个人制造、进口、拥有和携带减噪器、
消声器、消音器和与之配套使用的弹药。

法律语言是表达型文本的范例，从法律的绝对威严和至高无上性而言，与法律相关的文书及其译文需要绝对忠实于原文。法律文书尽可能穷尽相近或相似性词汇表达，是为了尽量避免用语涵盖不全，防止一些人钻法律的空子。法律文本的译文通常采用语义翻译的方法，语义翻译旨在构筑一座从原文到译文读者的文本桥梁，将原语言的内容直接输入给译文读者，达到译文内容与原文内容的高度统一。因此，翻译时需要尽量找到与原文对等的近似表达语，上下文中 Muffler 为美国英语，Silencer 为英国英语，两者意思一样。汉语中可以分别翻译成"消声器"和"消音器"。

此外，广大读者非常熟悉的培根的《论学习》就是典型的严肃的表达型文本。根据纽马克的文本类型理论，在翻译表情功能为主的文体时，要遵循"作者第一"的原则，既要忠实原作者要表达的思想内容，又要忠实于原作者的语言风格。

（二）信息型文本

信息型文本（informative text）强调语言的信息功能。语言信息功能的核心是外在的语境、话题的真实性内容、言语表达之外的元素等文本，侧重的是"真实性"及语言外部的真实性内容。由于此类文本将语言的真实性放在首位，因此文本用语通常以不带有个人情绪色彩和个人偏爱型的语言表达为主，通常以传统的习语和比喻为主。典型的信息型文本有百科类的题材，但由于文学文本的价值判断特质，因此可划归表达文本的范畴。

一般意义上的信息型文本主要有教材、论文、会谈记录、学术报告、报纸杂志上的文章等适合公共信息分享或交流类的场合文本。信息型文本的译文要依赖其题材定译文的文体风格，可分为正式或非正式、中性或熟悉。国际会议、国际机构中的报告也属于这一类别。

例如，时任国家总理温家宝在哥本哈根气候变化会议领导人会议上的讲话就属于典型的信息型文本。在这种场合，由于许多信息资料通过翻译得以进一步整理，译者翻译的文本有时甚至比原文的表述还要好。例如：

How can the European Union contribute to the development of a European film and television programme industry which is competitive in the world market, forward looking and capable of radiating the influence of European culture and of creating jobs in Europe?

【译文】欧盟应该怎样做才能对欧洲的电影、电视行业有所贡献，使它在国际市场上具有竞争能力，使它能够发挥欧洲文化的影响力，并为欧洲创造更多的就业机会呢？

上述事例体现的是一个国内外记者招待会的同声传译文本。在同声传译时，为了照顾到时间有限等综合因素，通常会以语义翻译法作为主要译文媒介，直接按照原文的句式结构，将原文与译文进行语义对等的替换，尽量避免做大的改动。当把长句切为短句时，难免会造成一种断断续续、互不关联的感觉。因此，短句之间，在不影响意义的前提下，可以灵活添加虚词，从而使句子通顺而不晦涩。

（三）感染型文本

感染型文本（vocative text）强调语言的感染功能。此类型的文本将号召读者采取某些行动驱动力为核心，通常刺激读者将文本的意向投入实际行动中，这些行为包括行动、思考、感受，并做出反应，全文以读者为中心。语言感召的对象是读者，或文本所指向的目标读者。感召式英语表达有很多不同的词汇，它的近义词有 phatic conative instrumental operative pragmatic，需要注意的是此处的感召对象指的是读者群，并非某一特定独立个体。

感染型文本包括直接阐述客观事实的文本材料，多以工具书为主，包括说明书、宣传资料、申请书、案情资料、通俗读物（寓教于乐的文本）等。此类文本的译作者需要具备原语的语言及文化素养，能将文本中出现的惯用语、行业用语恰当地对应到译文语言中，将原文的表达效果迁移到译文语境中。

典型的感染性文本的范例是中国的菜名。中国的菜名有其特有的文化特色，将色、香、味、食材、烹饪方法集于一身，展现中华美食的精髓、美妙的真谛。中国菜名的翻译是一个巨大的工程，例如：有一道菜叫"红烧狮子头"（一种用酱油炖烂的肉丸），翻译成英文是 Braised pork balls in soy sauce。虽然名为"狮子头"，翻译中却绝对不能出现"狮子"（lion）这一原文意象，因为"狮子"在汉语中的作用并不实指大型动物的形象，而是形象生动地展现这一食物所体现的外形大小，因此，意译是翻译感染型文本的重要翻译方法之一。

除了在翻译方法上需要遵循意译表达效果，感染型文本在译文词汇的选择上强调语言的可读性，讲求译文读者的可理解性，避开专业的、学术型用语的出现。因此，译者可以充分利用译文语言的操作空间，将原文的表达尽量生动、贴切地展现在译文读者面前，必要时，可转换句式结构，调整语序，使译文的语言尽量达到与原作语言同样的效果。例如：

（把行李）放到专门的行李车上，行李车会跟在班车后面，直接把你们的行李送到残奥村。下文提供了两种不同的翻译：

a. You are to leave your luggage in the designated luggage vans, which will follow your buses and head for the Paralympic Village with your belongings.

b. You can put your luggage in the designated luggage vans, which will take your belongings to the Paralympic Village.

上述句子来自《北京奥运会活动说明》。综观两种句式表达，①翻译虽然没有错误，但译文表达不地道。事实上，在这个活动说明中，车怎么走并不重要，重要的是把行李拉到。因此在这里可以采用交际翻译的方法改成②翻译，将阅读此说明的人——目的语读者的需求作为出发点，这样翻译虽语义表达全面性方面可能稍有丢失，但译文的表达对读者来说却更为清晰。

综上所述，根据翻译策略或翻译方法的不同，可将文本类型进行不同的范畴区分。其分类标准不一，会有不同的分类。纽马克认为如果以文本题材和译者职业分工为依据划分文本类型，也是非常有用的。因此他又提出三种类型文本：

科技文本（scientific text），专业部门或某些特点部门、组织的文本，由企业、跨国公司和政府部门的翻译部门来做专业处理。

社会文本（institutional text），涉及文化、社会科学和商业等领域的文本译文，主要由国际组织来处理。

文学文本（literary text），一般由自由职业的翻译工作者翻译。

纽马克指出文学、文化和科技三种文本虽然采用不同的译作者进行翻译，但是其文本翻译的价值和意义却是同等重要的。

四、文本类型观对翻译的启示

文本类型在翻译过程中发挥着重要的译文题材定型的作用，必须建立在翻译对等的基础上，很多学者都认为翻译的基础就是文本分析，只有文本分析贴切、到位，译文才忠实对等。但是如何将文本类型与译文高度结合起来，需要针对不同的文本采用不同的翻译方法。

针对翻译表达型的文本时，译者应充分考虑原文的美学价值，将原文的美学理念移植到译文中；针对翻译信息型文本，信息的忠实性是核心，笔者认为应遵循忠实的翻译原则，将原文作者的表达意图和态度转嫁到译文中；针对翻译感染型文本，由于原文与译文都注重文本的美学价值，因此，保留原文的美学内涵是译文成功的关键。由于原文与译文都侧重读者的感受，因此在翻译过程中，应充分考虑翻译在译文文化背景中的表达效果，也是由于文化差异，翻译过程中会出现意义丢失、意义不全的现象。

纽马克主要提倡语义翻译和交际翻译，这两种翻译方法都是以原文为出发点，本着忠实于原文的原则，用语义翻译法去侧重原文的意义传递，因此，在运用此种翻译方法时，应尽量贴合原文，尽可能将原文的意义表达到最大化。在使用交际翻译法时，译者应更多地侧重译文读者的阅读感受，使其达到原文读者的感官体验，因此，词汇的对等还需配备情感的对等。在翻译步骤层面，纽马克认为应以分析原文为出发点，只有读懂、理解透原文才能进入翻译阶段。对于翻译方法的选择，他认为应注重翻译实践的各个层面，如原语文本层面（textual level）、所指层面（referential level）、衔接层面（cohesive level）和自然层面（the level of naturalness）。

翻译实践发展到一定阶段，必然会产生与之相对应的翻译理论和翻译评论。文学创作的不断发展，也会引发文学评论的发展。翻译实践的发展也伴随翻译批评的发展。翻译评论对于译者和读者都会产生很大的影响。

纽马克认为，翻译批评是翻译理论的重要组成部分，是联系翻译理论与实践的一条重要纽带。他的观点可以解读为：翻译批评在翻译实践中发挥着重要作用，翻译理论指挥翻译实践的第一阵地，而翻译批评则指挥翻译实践的最后一个阵地，为翻译实践画上一个圆满的句号。

翻译评论往往需要达到以下五个目的：第一是提高翻译质量；第二是为翻译教学提供实例；第三是阐明特定时期特定领域内的翻译观念；第四是帮助理解名家名作和名家译作；第五就是比较原语和译语在语义和语法上的异同。

翻译批评的标准，即翻译批评的准则，长期受到翻译批评者的关注。正如纽马克在《翻译理论和翻译技巧》中说的："如果原作是一首诗，那就以表情为主。如果原作是一个科学报告，那就以达意为主。在翻译时，译者依着原文的词句，力求准确无误地理解。至于译文，自然要看原著以什么为主，是文学作品还是别的体裁，从而针对性地分别采用适当的译法。"表情型文本的翻译由于原文与译文都侧重读者的感受，因此在翻译过程中，应充分考虑原文的语言表达习惯，同时也要注重译文的表达效果；信息型文本的翻译应遵循忠实的翻译原则，保留信息的忠实性；感染型文本则应侧重译文读者的情感共鸣反应。

以上都充分表明在翻译批评的实践中，目标文本呈现多样性特征，针对不同的译文文本，应采用不同的翻译方法，并针对其特点进行适合的翻译批评。

目前有较多不同种类的翻译批评的方法，其中功能批评法是一种具有普遍意义的批评方法，它侧重翻译内容，讲求翻译的概括性，忽视细节，看重对自我翻译过程的审视，评价译者是否在翻译原则的指导下达到翻译目的，是否还存在翻译不足，这种从整体性出发的批判方法缺乏对翻译内容细节的关注，容易引发主观性评判结论。

此种批评方法先设定评论目标，将原文的内容、体裁和写作意图作为首要分析对象。其实，在文本翻译中，作者在文本中的态度应是原文内容的态度导向，发挥重要作用，而体裁只是语言特征的具体表现。

功能批评法分析原文的写作特点主要有两个方面：一是分析语言的风格层次；二是判断文笔是属于"信息型"还是属于"表情型"。

而分析批评法则是根据具体的内容进行文学批评的方法，侧重比较语言形式，如词性转换、语义对照、词序倒转、分析句子结构以及词句的音韵效果。批评者可以节选译文的若干段落，对照原文的内容，查找出误译或找出使用不当的词句，分析过程比较客观。

这种分析批评法有显著的优点：即从客观译文内容为研究内容，属于微观分析。将译文的每个语义单位与原文对应部分进行比照，逐一排查、验证原文与译文的内容匹配，提升了译文的忠实性。可以看出，分析的角度是纯语言性的。

纽马克还指出翻译批评应包括五个步骤：首先要仔细分析原文，着重分析其写作意图及功能；在此基础上再分析译者对原文目的的阐释以及翻译方法与译文的读者；接下来便可以选择原文和译文比较具有代表性的部分进行对比；并从译者和批评者的角度评价译文；最后再评价译文在译语文化中的地位。

综上所述，纽马克提出的关于翻译批评的方法可分为两种，从宽泛意义上讲，其概括面较大，未提及细节方面的翻译实践操作，也未涉及元批评，只总结出了五个步骤。

翻译并不仅是文字转换的操作过程，而是一种社会活动。因此，翻译批评也不能脱离这个整体存在，不能只注重片面的翻译过程，要学会窥探全貌。

通过对翻译文本类型的分析和翻译批评方法的总结，可以得出这样的结论：翻译批评的类型决定其方法，不同类型的批评方法对应不同的翻译方法。翻译批评者应熟练掌握功能批评法与分析批评法，针对不同的文本采用不同的批评策略，突出译文的忠实性和文学性价值。最终实现原文与译文在整体与细节、宏观与微观的统一。

纽马克的文本类型翻译理论使我们看待翻译批评标准等问题有了新的认识。纽马克说："好的翻译批评是历史的、辩证的、马克思主义的。"因此，没有绝对统一的翻译标准和方法，而是多样灵活的。针对不同的文本，采用不同的翻译方法；针对不同的段落或句式，才有不同的方式。

客观来讲，纽马克的理论也存在一定不足之处。就文本类型的划分标准问题而言，有些区别标准未表述清楚。另外，纽马克的翻译理论主要以印欧语系为研究对象，对于英汉、汉英翻译批评还需在更多的学者在实践中不断检验和修正。总的来说，他的文本类型翻译理论对翻译批评实践具有启发和相当重要的指导意义。

五、博物馆文本特点分析

博物馆文本是指在博物馆里的文本，它也可能被称为标签、扩展文本、墙壁文本、目录、描述性的手册，这些都是游览者和博物馆专业人员非常熟悉的"文本"形式。作为一种特别的文学体裁，博物馆文本有着自己特殊的构成和特点。

博物馆文本主要构成：文物图片、文物名称（等级/朝代）、出土时间和地点、文物尺寸以及文物背景简介，如图 5-3 所示。

图 5-3

资料来源：河南博物院官网。

文物名称（等级、朝代）：白釉镂空圈足砚（唐）

出土时间和地点：1985 年郧县李徽墓出土

文物尺寸：高 5.2cm　面径 11.1cm　底径 12.8cm

文物背景简介：李徽是唐太宗李世民之孙，李泰之子。此砚器型规整，胎釉结合紧密，保存完好，在早期白釉精品中难得一见。

另外，根据文本印刷使用的纸张大小和内容，可以省略占据篇幅较大的部分，如文物背景简介部分；同时，如果展馆简介中已经包含某个展品的具体信息时，那么此展品的文本中可以省略部分具体信息，如文物出土时间和地点；另外，文本几个构成部分可以变换顺序、灵活组合，但多数文本均需保留三个基本构成部分：文物图片、文物名称和文物尺寸。概括而言，中国博物馆文本具有以下三个方面的信息：

（一）信息性

博物馆文本的组成部分包括大量文物的客观信息。在这些组成部分中文物的名称（等级/朝代）、出土时间、地点和文物尺寸等信息属于文物的客观信息，这部分信息基本不会受到其他主观因素的影响，是客观存在的事实，具有客观性。正因为这部分是客观信息，在处理时就必须保持信息的可靠性和准确性（罗胜华，2017：138-139）。

（二）交际描述性

除了客观信息之外，博物馆文本还包括对文物及文物背景信息等的描述部分。这部分内容主要功能就在于为参观者提供相关的文化背景。

（三）简洁性

为了让游览者能够在最短的时间内获得尽可能多的信息，博物馆文本一般都比较简洁明了。

第六章

中国博物馆文本翻译研究

一、博物馆文本翻译研究的历史与现状

博物馆是人类历史文化的宝库，收藏着一个民族所特有的历史文化遗产，自诞生以来就一直承担着传承文化、记忆历史的重任。它收藏文物，并对其加以保护和研究，进而发挥其沟通历史文化的桥梁作用，为科学地研究历史和历史文化提供了可靠的物质基础。

1682年，世界上第一个博物馆——英国阿什莫林博物馆诞生。16～18世纪，伴随着西欧资本主义的诞生和发展，作为近代文化和文明的象征，博物馆在西方各国逐渐蓬勃发展起来。19～20世纪，以欧美为代表的西方博物馆已经成为一个独立的行业和体系，特别是20世纪，博物馆作为传承历史文化和社会文化的工具，已广为国际社会各行各业所公认，并被广泛采纳（王莉，2005）。进入21世纪，伴随着全球化的进一步发展，世界各国之间的跨文化交流不断增强，每一个国家都在努力将自己的文化介绍给世界，从而实现真正意义的文化传播，中国这个历史悠久的传统文化大国当然也不例外。

在这种背景之下，中国博物馆文本英译的研究变得尤为重要，在文化信息的正确表达和有效传递方面发挥着不可替代的作用。正因为如此，中国绝大多数博物馆开始提供文物介绍的英文文本，一些博物馆还出版了英文版的书籍。其中，外文出版社2002年出版的《中国博物馆巡览》（英文版）和2008年出版的《京城博物馆》（英文版），以及五洲传播出版社2004年出版的《中国博物馆》（英文版）是其中最为有名的。这些

资料在推介中国传统文化方面都做出了极大的贡献。

然而，问题依然存在，迄今为止，中国博物馆文本英译研究尚未得到足够的重视，相关研究屈指可数。

1991年穆善培在《上海科技翻译》上首次发表相关论文探讨文物翻译的"信"和"顺"的问题。10年之后，《中国科技翻译》在2001年第14卷第4期上刊登了《试论文物名称英译文化信息的处理》，对文物名称中蕴含的文化信息加以研究。随后几年间也偶尔有一两篇论文见诸期刊，但也仅仅涉及文物名词和文物翻译的"达"与"信"的问题。2006年广东外语外贸大学的一名硕士研究生在其学位论文中第一次相对深入地对文物翻译进行研究，但她也只是从文化角度探索文物翻译的归化与异化译法，并没有针对中国博物馆文本进行特殊的说明。实事求是地说，中国博物馆文本英译系统研究迄今为止仍是一片空白，这与其重要的地位是极不相称的。基于此，笔者抛砖引玉，意在引起权威学者的关注，对中国博物馆文本英译进行更为深入和完善的研究。

二、博物馆文本翻译研究的动机、意义及目标

（一）博物馆文本翻译研究的动机

在世界民族之林中，中国，因其悠久的历史与灿烂的文化而傲然独立。很多外国友人对中国文化情有独钟。然而，对于一般外国人来说，想要真正理解历史悠久、形式多样、内容丰富的中国文化并非易事。在这种背景之下，我们中国人必须多花一些时间和精力将我们自己优秀的文化翻译成外文、介绍给世界，从而不断加强中国与其他国家的跨文化交流，实现中国文化世界范围内的传播。

博物馆文本翻译作为文化的重要组成部分，承担着跨文化传播的重任。通过翻译，博物馆将中国的传统文化介绍给其他民族与国家，从而

为中国人民赢得世界范围的理解与认同。

然而，博物馆文本究竟该如何翻译才能让来自不同文化背景的人理解其内涵与本质？我们又该如何通过翻译来加强中国与其他国家的文化交流？迄今为止，我们还没有找到满意的答案。

为了回答上述问题，也由于以下几点原因，本书将对中国博物馆文本翻译进行系统的研究：

第一，中国博物馆文本翻译的研究还很匮乏。在翻译领域，还很少有人注意到中国博物馆文本的翻译研究，在过去这些年里，只有几篇短文见诸杂志，这与其重要性是极不相称的。

第二，中国博物馆文本翻译的质量亟待提高。由于各种各样的原因，中国博物馆文本翻译错误百出，不仅影响了中国与其他国家的有效沟通与交流，也严重影响了中国的文化形象。

总之一句话，中国博物馆文本翻译研究是时代的需求，在翻译领域，认真研究博物馆文本翻译、不断提高其翻译质量，意义重大。

（二）博物馆文本翻译研究的意义

本书从跨文化传播的角度对博物馆文本翻译的目的、性质、过程、方法、原则和标准进行系统研究，有着极其重要的意义：

首先，在系统研究的基础上，本书尝试构建一个普遍适用于中国博物馆文本翻译的翻译模式。一方面丰富了翻译研究的内容；另一方面也有利于提高博物馆文本翻译的质量。

其次，本书将对河南博物院的英文文本进行详细分析，指出其问题与不足。河南博物院的文本翻译是由北京的一家翻译公司承担完成的，虽然曾有外宾告知河南博物院的翻译在中国所有博物馆的翻译中可以算得上是最好的了，但是，研究过程中，课题组还是发现了很多很明显的错误和很严重的问题。河南博物院在 2009 年曾经进行过一段较长时间的闭馆整修，意在为公众提供更好的平台，帮助大家了解中国的传统文化，但是馆藏文物英文名称及解说并没有太大的改变，笔者希望通过自己的基础研究，可以引起更多相关学者的关注，并对博物馆文本翻译加以深入研究，从而进一步改善博物馆馆藏文物的英译，一方面提供更好的文物英文信息补充，另一方面也可以为外宾提供更好的英文导游词。

最后，从跨文化传播的角度研究博物馆文本翻译目前尚未见到，本书将为翻译研究提供新的研究维度，同时抛砖引玉，引起各位专家学者关注，从而对这一领域进行更为深入细致的研究。

（三）博物馆文本翻译研究的目标

本书从跨文化传播的角度，特别运用文化辐合会聚理论，对博物馆文本英译进行系统研究，意在达到以下几个目标：

第一，在跨文化交流与传播模式，特别是文化辐合会聚模式的基础上，尝试构建博物馆文本英译的模式。

第二，对河南博物院的英文文本进行详尽研究，分析其优点与不足，为这一领域的翻译实践提供直观的参照。

第三，利用文化辐合会聚理论，澄清博物馆文本英译的目的、性质、过程、方法、原则和标准。

三、博物馆文本翻译的特点

根据赖斯（Katharina Reiss）对文本类型的分类，文物类文本属于信息型文本（content-focused），此类文本的翻译有两个特点：实际有效性（effective communication）和信息准确性（accuracy of information）。文物翻译同样需要满足这两个要求。

（一）专业性

文物翻译不仅要求译者有良好的语言功底，而且必须具备历史学、考古学、人类学等相关学科的专业知识。博物馆的文物都是由考古专家发掘出来的，只有经历了发掘、考证、命名、保护等一系列过程，才能出现在陈列中供游客参观。考古学家所做的工作就是"面对古代人类遗留下来的各种废弃物、先民们日常生活的垃圾和残留在大地中点滴细微的痕迹，并从中搜寻有价值的信息，以复原文化历史和人类的生活方式"（马利清，2015）。换言之，考古学家从事的工作其实是发掘与研究人类的历史与文化。每一件文物都有着对应的历史背景和文化内涵，其命名和历史都是经过专家反复论证而来。因此，文物翻译首先要保证译文的准确性和专业性。

例如：

"曾仲斿父"青铜方壶 "Zeng Zhong Youfu" Bronze Fanghu (wine vessel)

"虢季子白"青铜盘

很多青铜器上铸有铭文，这些文字为后来青铜器的命名提供了思路。在上文例子中，"曾仲斿父"四字可以解释为"曾侯仲子斿父"，"曾"是两周之际在鄂北地区存在的一个诸侯国，"仲"是"伯仲叔季"中排行的第二者，"斿父"是青铜器主人的名。因此，将"曾仲斿父"翻译成"Zeng Zhong Youfu"是合乎情理的。"虢季子白"中的虢指的是虢国，"季"是排行最小的意思，"子白"是人名，却有着与"曾仲斿父"不同的译文——"Guoji Zi Bai"。历史上，虢季与虢仲、虢叔一起曾是家族中的分支，但是随着虢宣公、虢文公等势力的壮大，虢季家族已经成为西周中后期重要的权贵家族，历史上常以"虢季氏"称之。因此，把此处的"虢季"看作姓氏，译作"Guoji"是正确的，而非"Guo Ji"。

（二）跨文化交际性

博物馆文物翻译是一种跨文化交际活动。因此，文化的有效传播是文物翻译的重中之重。刘庆元（2005）认为，"文物翻译中，如果信和达出现矛盾，即在求'信'的过程中，有可能出现'不达'的情况下，追求译文的'达'更为重要"。这也说明了文物翻译中有效传播的重要作用。因此，文物翻译的目的并非追求"信"于原文，而要首先保证信息的专业性和准确性，在信息准确的情况下尽量多考虑读者的文化背景，"提供对展品基本信息更为完整的各项描述"，采用人性化的翻译策略，主动增加有关展品背景知识的介绍。同时也要注意到文物翻译与其他翻译的重要区别，就是"文物—文字—参观者"的三维互动。以往只注意到"文字—参观者"的互动性，忽略了文物与文字的相互补充作用，也忽略了读者能直观地看到文字中所介绍的实物这一重要特征。因此，若想在最大限度上达到传播文化的效果，在翻译时不必拘泥于字面意义，而应该考虑到英文读者的知识背景，提供更为详细的文化背景介绍（朱安博、杨艺，2017：45-48）。

第七章

博物馆文本翻译的指导性理论

与其他任何类型的文本翻译一样，博物馆文本的翻译也并非随心所欲，而是由一定的理论作为指导的。所谓翻译理论，顾名思义，也就是在翻译过程中所涉及或者采用的指导性理论，这些理论无论是从实践层面，还是仅仅从理论层面，都可以给予翻译一个基本的指导方向，具有一定的指导意义。其中，美国著名语言学大师尤金·奈达的"功能对等理论"（functional equivalence）、德国著名翻译理论家克里斯蒂安·诺德的"功能翻译理论"（functionalism），以及纽马克的交际翻译理论等都属于非常著名的翻译理论。

一、功能对等理论

功能对等理论是美国语言学家尤金·奈达（Eugene Nida）提出的一个重要翻译理论。曾经师从几位著名的结构主义语言大师的奈达，在语言学界拥有非常重要的地位，曾任美国语言学会主席。但奈达的一生主要从事的学术活动却并不是语言学研究，而是《圣经》的翻译。在《圣经》翻译的过程中，奈达从实践出发，发展出了一套自己的翻译理论，最终成为翻译研究的经典之一。奈达理论的核心概念是"功能对等"。所谓"功能对等"，就是说翻译时不能追求文字字面的死板对应，而是要让两种语言从功能上来讲达到对等的表达效果和目的。

（一）功能对等理论简介

为了使源语和目的语之间的转换有一个标准，减少差异，尤金·奈达从语言学的角度出发，根据翻译的本质，提出了著名的"动态对等"的翻译理论，也就是所谓的"功能对等"。在这一理论中，他指出"翻译就是用最恰当、自然和对等的语言从语义到文体再现源语的信息"（郭建中，2000：65）。奈达有关翻译的定义指明翻译不仅是词汇意义上的对等，还包括语义、风格和文体的对等，翻译传达的信息既有表层词汇信息也有深层的文化信息。"动态对等"中的对等包括四个方面：一是词汇层面的对等；二是句法层面的对等；三是篇章层面的对等；四是文体层面的对等。在这四个方面中，奈达认为"意义是最重要的，形式其次"（郭建中，1999：67）。形式有时很可能会掩藏源语的文化意义并阻碍源于语和目的语之间的文化交流。因此，根据奈达的翻译理论，在翻译的过程中，译者应该着重考虑把动态对等的四个方面作为翻译的原则，准确地在目的语中再现源语的文化内涵。

（二）实现功能对等的步骤

为了准确地再现源语文化和消除文化差异，译者可以遵循以下三个步骤。

第一，努力创造出既符合原文语义又体现原文文化特色的译作。然而，两种语言代表着两种完全不同的文化，文化可能有类似的因素，但不可能完全相同。因此，完全展现原文文化内涵的完美的翻译作品是不可能存在的，译者只能最大限度地再现源语文化。

第二，如果意义和文化不能同时兼顾，译者只有舍弃形式对等，通过在译文中改变原文的形式达到再现原文语义和文化的目的。例如，英语谚语"white as snow"翻译成汉语可以是字面意义上的"白如雪"。但是，中国南方几乎全年无雪，在他们的文化背景知识中，没有"雪"的概念，如何理解雪的内涵？在译文中，译者可以通过改变词汇的形式来消除文化上的差异。因此，这个谚语在汉语中可以译作"白如白鹭毛"（郭建中，1999：63）。再如，英语成语"spring up like mushroom"中"mushroom"原意为"蘑菇"，但译为汉语多为"雨后春笋"，而不是

"雨后蘑菇",因为在中国文化中,人们更为熟悉的成语和理解的意象是"雨后春笋"。

第三,如果形式的改变仍然不足以表达原文的语义和文化,可以采用"重创"这一翻译技巧来解决文化差异,使源语和目的语达到意义上的对等。"重创"是指将源语的深层结构转换成目的语的表层结构(郭建中,2000:67),也就是将源语文章的文化内涵用译语的词汇来阐述和说明。例如:"He thinks by infection, catching an opinion like a cold. ""人家怎么想他就怎么想,就像人家得了伤风,他就染上感冒。"(刘宓庆,1998:122)在此句的英文原文中,原文的内涵并不是靠词汇的表面意义表达出来的,而是隐藏在字里行间。

(三) 功能对等理论的特点

同样的例子:"He thinks by infection, catching an opinion like a cold",如果按照英汉两种语言字面上的对等来翻译,这句话就应该翻译成"他靠传染来思维,像感冒一样获得思想",这样的译文虽然照顾了形式的对等,但让人不知所云,原文的真正意义是不对等的,是得不到清晰表达的。事实上,在汉语中很难找到一个完全与英文对等的句型来表达同样的内涵。于是,译者将源语的深层结构转换成目的语的表层结构,即用目的语中相应的词汇直接说明、解释原文的内涵,以使译文读者能够更加轻松地理解并接受译作。根据奈达的翻译理论,真正优秀的译作要从语言形式到文化内涵都再现源语的风格和精神,只有从语义到文体将源语再现于目的语,才能真正跨越文化差异,传达原文想要表达的真实意义。

二、功能翻译理论

(一) 内容简介

功能翻译理论是德国功能派对翻译认知的一个概括性理论。其理论核心表达为"目标"（aim）、"目的"（purpose）、"意图"（intention）和 "功能"（function）等。为了避免概念上的混淆，诺德提议对意图和功能 作基本的区分："意图"考虑的是信息的发送者，是源语想要表达的真 实意义，是原作，是译者；而"功能"指文本功能，它是由接受者的期 望、需求、已有知识和环境条件共同决定的，考虑的则是译作，是译作 的读者。

功能翻译理论的基础是弗米尔的目的论，在目的论的翻译框架中， 决定翻译目的的最重要因素之一是受众，也就是译文所意指的接受者， 他们有自己的文化背景知识，所以，对译文也有自己的期待和交际需求。 每一种翻译都指向一定的受众，因此翻译是在"目的语情景中为某种目 的及目标受众而生产的语篇"。弗米尔认为原文只是为目标受众提供部分 或全部信息的源泉。可见原文在目的论中的地位明显低于其在对等论中 的地位。

（二）功能翻译理论的产生与发展

20 世纪 70 年代，功能派翻译理论兴起于德国。其发展经过了以下 几个阶段：

第一阶段：凯瑟琳娜·莱斯首次把功能范畴引入翻译批评，将语言 功能、语篇类型和翻译策略相联系，发展了以源文与译文功能关系为基 础的翻译批评模式，从而提出了功能派理论思想的雏形。莱斯认为理想 的翻译应该是综合性交际翻译，即在概念性内容、语言形式和交际功能 方面都与原文对等，但在实践中应该优先考虑的是译本的功能特征。

第二阶段：汉斯·弗米尔提出了目的论，将翻译研究从原文中心论 的束缚中摆脱出来。该理论认为翻译是以原文为基础的有目的和有结果 的行为，这一行为必须经过协商来完成，翻译必须遵循一系列法则，其 中目的法则居于首位。也就是说，译文取决于翻译的目的。此外，翻译 还须遵循"语内连贯法则"和"语际连贯法则"。前者指译文必须内部 连贯，在译文接受者看来是可理解的，后者指译文与原文之间也应该有连贯性。这三条原则提出后，评判翻译的标准不再是"对等"，而是译本实现预期目标的充分性。弗米尔还提出了翻译委任的概念，即应该由译者来决定是否、何时、怎样完成翻译任务。也就是说，译者应该根据不同的翻译目的采用相应的翻译策略，而且有权根据翻译目的决定原文的哪些内容可以保留，哪些需要调整或修改。

弗米尔认为，翻译中的最高法则应该是"目的法则"。也就是说，翻译的目的不同，翻译时所采取的策略、方法也不同。换言之，翻译的目的决定了翻译的策略和方法。对于中西翻译史上的归化、异化之争，乃至近二三十年译界广泛讨论的形式对等与动态对等，"目的论"都做出了很好的解释。翻译中到底是采取归化还是异化，都取决于翻译的目的。由于功能翻译理论就是以"目的原则"为最高准则，而任何翻译活动都是有目的的行为，影片名翻译的最终目标和主要功能是帮助人们了解影片的主要内容，并激发观众的观看欲望。因此我们需要对功能翻译理论尤其是"目的论"流派做简单了解。

第三阶段：贾斯塔·霍茨-曼塔里借鉴交际和行为理论，提出翻译行为理论，进一步发展了功能派翻译理论。该理论将翻译视作受目的驱使的，以翻译结果为导向的人与人之间的相互作用。该理论和目的论有颇多共同之处，弗米尔后来也将两者融合。

第四阶段：克里斯汀娜·诺德全面总结和完善功能派理论。克里斯汀娜·诺德首次用英语系统阐述了翻译中的文本分析所需考虑的内外因素，以及如何在原文功能的基础上制定切合翻译目的的翻译策略。克里斯汀娜·诺德对功能派各学说进行了梳理，并且提出译者应该遵循"功能加忠诚"的指导原则，从而完善了该理论。

（三）功能翻译理论的运用原则

1. 目的原则

功能翻译理论认为，所有翻译活动遵循的首要原则是"目的原则"

（skopos rule），即翻译应能在译入语情境和文化中，按译入语接受者期待的方式发生作用。翻译行为所要达到的目的决定整个翻译行为的过程，即结果决定方法。但翻译活动可以有多个目的，这些目的进一步划分为三类：第一类就是译者的基本目的（如谋生）；第二类是译文的交际目的（如启迪读者）；第三类是使用某种特殊的翻译手段所要达到的目的（如为了说明某种语言中的语法结构的特殊之处采用按其结构直译的方式）。但是，通常情况下，"目的"指的是译文的交际目的，即"译文在译入语社会文化语境中对译入语读者产生的交际功能"（Venuti，2004）。因此，译者应在给定的翻译语境中明确其特定目的，并根据这一目的来决定采用何种翻译方法——直译、意译或介于两者之间。

2. 连贯性原则

连贯性（coherence rule）指译文必须符合语内连贯（intra-textual coherence）的标准，即译文具有可读性和可接受性，能够使接受者理解并在译入语文化及使用译文的交际语境中有意义。

3. 忠实性原则

忠实性原则（fidelity rule），或称忠诚原则是由诺德提出的一个重要翻译原则，指原文与译文之间应该存在语际连贯一致（inter-textual coherence）。这相当于其他翻译理论所谓的忠实于原文，但与原文忠实的程度和形式取决于译文的目的和译者对原文的理解。

诺德发现目的论有两大缺陷：首先，由于文化模式的差异，不同文化背景中的人对好的译文有不同的看法；另外，如果目的原则所要求的译文的交际目的与原文作者的意图刚好相反，那么我们就会遵守目的原则而违背忠实性原则。因此，诺德就提出了忠诚原则来解决文化差异及翻译行为的参与者之间的关系。诺德认为，译者对译文接受者负有道义上的责任，必须向他们解释自己所做的一切以及这样做的原因。这是忠诚原则的一方面。该原则的另一方面则是要求译者对原文作者忠诚。译者应尊重原作者，协调译文目的语与作者意图（Nord，2001）。因此，忠诚原则主要关注翻译过程中译者与原作者、客户、译文接受者等参与者之间的关系。诺德提出译者应该遵循"功能加忠诚"的指导原则，从而完善了该理论。

总之，这三大原则构成了功能翻译理论的基本原则，但是连贯性原则、忠实性原则必须服从于目的原则，目的原则是首要原则。

（四）功能翻译理论的评价标准

至于翻译的标准，功能翻译理论用充分性（adequacy）而非等值（equivalence）作为评价译文的标准。在功能翻译理论的框架中，充分性指译文要符合翻译目的的要求，"在翻译过程中以目标为基础选择实现翻译目的的符号"。这是一个与翻译行为相关的动态概念。等值指译语文本与源语文本出于不同的文化语境但实现了相似的交际功能。等值只是充分性的一种表现形式，是描述翻译结果的一个静态概念。连贯性原则和忠实性原则并不是普遍适用的，在翻译过程中应以目的原则和忠诚原则为指导，用合适作为评价译文的标准。

与传统"等值观"不同，德国功能翻译理论注重的不是译文与原文是否对等，而是强调译者在翻译过程中以译文的预期功能为出发点，根据各种语境因素，选择最佳处理方法。也就是说，译者的翻译策略必须由译文的预期目的或功能决定，即所谓的"目的法则"。在注重译文功能的同时，该理论同时强调译文在译语环境中的可读性，即"连贯法则"，以及译文与原文之间的语际连贯，即"忠实原则"，但后两者都必须服从于目的原则。

三、交际翻译理论

交际翻译理论是英语翻译理论家纽马克的重要贡献之一，他提出了语义翻译和交际翻译两种不同的翻译策略。语义翻译具有绝对意义，交际翻译法具有相对意义。交际翻译法集归化、意译和地道翻译的优势于一体。

（一）语义翻译和交际翻译的定义

为了避免直译和意译的冲突，纽马克提出了两个翻译理论，即语义翻译和交际翻译。"我在翻译方面仅仅提出这两种方法，这两种方法对任何文本来说都合适。在交际翻译中，翻译者用目标文本来表达和源语同样的效果；在语义翻译中，翻译者在目标文本句法结构和语义方面允许的范围内，来表现源语言的真正语境意义（纽马克，2001）。"也就是说，在交际翻译中，纽马克认为，目标文本所产生的效果应当力求接近源文本。因为交际翻译重视产生的效果但不注重表达的内容，所以交际翻译首先要忠实于目标语和目标文本读者，要求源语符合目标语和文化，不给读者留下疑点和晦涩难懂之处。在语义翻译中，译者首先必须忠于原作者，符合源语文化，只有对源文本的内涵意义出现理解困难时才加以解释。

（二）纽马克的文本类型说

纽马克根据语言的功能来划分文本的类型。他在著作《翻译探索》（*Approaches to Translation*，1981）中认为语言大致划分为三种功能，即表情功能（expressive function）、信息功能（informative function）和感染功能（vocative function）。根据这三种功能，他将文本分成三种类型：表情型文本（expressive text）、信息型文本（informative text）和感染型文本（vocative text）。他认为，译者应根据不同的文本，采取不同的翻译方法。

（三）语义翻译和交际翻译的选择

纽马克认为，针对不同类型的文本可采用不同的翻译策略，而在不同翻译策略的指导下，也可以采用不同的翻译方法和翻译技巧。这无疑为广大译者根据文本类型灵活采用不同的翻译策略和翻译方法提供了理论支撑和技术指导，在博物馆文本翻译中意义重大。

纽马克的理论中有两种假设。第一种假设：在不改变源文本类型和功能的情况下，翻译方法由源文本决定；第二种假设：源语作者和译者的目的相同的情况下，翻译方法由源文本类型决定。但是，这两种假设都不能够被完全接受。

首先，对于前一种假设，文本随社会环境和文化的变化而变化。例如，《红楼梦》这部小说完成于清朝中期，当时被人们作为淫秽小说。从纽马克的理论角度分析，《红楼梦》在当时属于感染型文本。但是，1919年的"五四"运动之后，《红楼梦》被赞誉为自然主义的爱情小说。1949年之后，这部小说被当作反对封建主义的历史小说。所以，文本的类型由感染型文体转变成表情型文本。此外，文本的类型还受文化的影响。源语言所承载的文化与目标语不同，所以翻译的文本类型可能和源文本不同。《福尔摩斯侦探集》问世于英国时，人们将其作为表情型文本；而当这部著作传入中国时（正值明末清初），当时的中国人将其作为介绍法律的工具书。所以，《福尔摩斯侦探集》随着两种语言所承载文化的不同，文本类型也发生了变化，即从表情型文本变为感染型文本。

其次，针对后一个假设，翻译中遇到的情况影响翻译方法。例如，个人日记这种文本是没有读者的。纽马克认为，日记属于表情型文本。和纽马克的观点相反，瑞斯（Katherina Reiss）则认为日记本来是没有信息功能的，但翻译日记时，文本的信息功能就体现出来了。也就是说，翻译本身有时就改变了文本的功能。此外，读者这一因素也影响着翻译方法的选择。如果源语文化和目标语文化有显著不同时，读者对源语文化的兴趣就会减小。

不难看出，翻译方法的选择不仅由文本类型来决定，翻译中的一些情况也影响着翻译方法的选择，如读者因素和目标文本的功能作用等。

纽马克的文本类型说、语义翻译和交际翻译理论为我们在实践中开拓了一个崭新的视角。他认为，翻译理论不是一种理论，而是一个有关翻译的知识体系，包括翻译的标准以及在确定文本目的和译者目的的前提下，提供的一个参照系（Newmark，2001：9）。那么，翻译理论有何作用？他认为，翻译理论的主要作用是将合适的翻译方法应用到各种类型的文本中（Newmark，2001：19）。纽马克的翻译方法要根据文本的类型来决定，所以他的理论是以源文本作为出发点的。正因如此，他提出的理论，没有重视读者、目的语的社会环境和文化。因此，纽马克的这种以源文本为出发点的理论给后人留下了一些疑问，有待于我们继续研究（许鸥等，2011）。

第八章

博物馆文本翻译中存在的问题

博物馆的全球化发展，意味着博物馆文本资料的翻译工作变得日益重要。博物馆文本资料翻译的目的，主要是向世界宣传某个国家、地区或民族的传统文化，其对象主要是想了解该国、该民族或地区文化的外国游客。为了达到传递文化的目的，翻译必须考虑目标读者的语言习惯和文化背景。否则，对本就不熟悉该国、该民族后地区历史文化的参观者来说，不仅达不到传播文化的目的，还会带来困惑和误解（陈张帆，2014）。

一、语言失误

博物馆文本英译中存在的最为明显的问题就是语言失误，其中包括拼写错误、语法错误、用词不当等。例如：

第一，大小写、单复数、拼写、标点等错误；

第二，时态、语态、语序等问题；

第三，用词不当或错误。

（1）"中冉（cheng）父"铜簋 bronze gui with the inscription of "Zhongyanfu"（应为 Zhongchengfu）。

（2）"虢季"角钟 bronze bell with the inscription of "Guoji"（music instrument），这里的 music instrument 为 musical instrument 之误。

需要指出的是，用词不当要远比拼写错误和语法错误复杂得多。例如：

（3）陶双连壶（酒器） painted pottery twin-ewer。

（4）灰陶斝　grey pottery wine vessel。

（5）夔纹陶杯　pottery cup with dragon pattern。

（6）吹箫砖俑　brick figurine of whistle blower。

（7）宋元两代是我国戏曲艺术形成和发展的重要阶段，演出形式不拘一格，内容多为寻常熟事，且在民间广为流传。在河南发现许多戏曲文物，充分反映出当时中原地区戏曲艺术的繁荣。

【译文】Song and Yuan Dynasties are important periods of the formation and development of opera arts in China. Varieties of performing forms told the stories based on lives of the commoner, and were very popular among the folks. Many remains related to operas from Henan suggest the flourishing state of opera arts in the Central Plain. (Henan Museum)

（8）宋、金、元时期，科学家们在总结前人科技成果的基础上脱古创新，科技发明迭出。河南作为全国的经济、文化中心，许多发明从这里诞生，许多创造在这里出现。科技成就在历史的长河中熠熠生辉。

【译文】During the period of Song, Jin and Yuan Dynasties, scientists invented a great amount of new technologies on the basis of the accomplishments of the ancestors. Being the center of economy and culture of the whole country, Henan became where many inventions emerged. Scientific technology shined in the history. (Henan Museum)

在英语中"ewer"指的是一种宽口大罐，用于盛水供人洗手，而非酒器，因而例（3）中用"twin-ewer"来译"双连壶"是不恰当的。在例（4）中，以"wine vessel"（酒器）来翻译"斝"也属过于概括，因为"斝"是中国古代的温酒或盛酒器，也是一种灌器，三足，双柱，经常与觚、爵三器成套出现，仅仅"wine vessel"一词不足以提供足够的信息。例（5）中"夔"是中国古代传说中一种似"龙"而非龙的独角兽，因而用"dragon pattern"来翻译"夔纹"并不合适。在例（6）中"箫"是中国的一种传统乐器，绝不能用"whistle"与之对应。

例（7）中，"the stories based on lives of the commoner"被用来指"寻常熟事"，而事实上"寻常熟事"指的是日常生活，这也是对原文的一种误解造成的。另外，寻常熟事既可能是平民百姓的日常生活也可能是宫廷贵族的日常生活，而"commoner"意为平民百姓，因此，选用此词也过于局限。最后，"remains"指的是某物被用过，损毁或者拿走之后的剩余部分，因而用以代替"cultural relics"（文物）是不合适的。因此"戏曲文物"应译为"cultural relics related to opera"而不是"remains related to opera"。例（8）中，"during"和"Song, Jin and Yuan dynasties"用在一起，那么"the period of"就纯属累赘。再者，"accomplishments"应该以"achievements"或"accomplishment"取而代之。因为，作为一个可数名词的复数形式，"accomplishments"意为"才艺，才能"，而非文中所需要的"成就"之意。最后，"technologies"不能"大量"（a great amount）"发明"（invented）。

（9）陕西宝鸡出土锁绣印痕　Silkboridery with chain stitch。Emboridery 的正确写法应该为"embroidery"。

种种语言失误不一而足，而这些失误一般是由译者的语言能力不足或者粗心大意造成的。考虑到所提供信息的重要性，无论原因何在这些错误都是应该避免的，因为它们必将给观众留下很不好的印象，进而影响跨文化传播。

二、删减重要文化信息

在博物馆文本英译过程中，重要信息的删减是一个很严重的问题。由于历史、地理和政治等原因，东西方文化存在着很大的差异，成为交流的主要障碍。为了更好地介绍中国的历史和文化，发挥博物馆对外传播文化的作用，博物馆文本的翻译就要特别注意文化信息的处理（王娟萍，2012）。然而，现状是很多宝贵的文化信息过度简化，并没有很好地起到对外文化宣传的作用。由于译者对原文亦步亦趋的翻译模式，大量使用汉语拼音词而无任何注释，导致译文可读性较差。例如：

（10）车骑出行宴饮画像砖　tomb brick。

（11）贵妇出游画像砖　tomb brick。

（12）双鸾衔绶镜　bronze mirror。

（13）葵式双鸾仙鹤衔绶镜　bronze mirror。

（14）红陶欲飞鹅　red pottery goose。

（15）红陶鹅　red pottery goose。

"双鸾衔绶镜"和"葵式双鸾仙鹤衔绶镜"都被译成了"bronze mirror"；"贵妇出游画像砖"和"车骑出行宴饮画像砖"都被简单译成"tomb brick"；"红陶欲飞鹅"译为"red pottery goose"，和"红陶鹅"的译文毫无区分。在这些例子中，这些文物名称的中层文化信息（"什么样"）和深层文化信息（"意味着什么"）都被略去，只有表层文化信息（"是什么"）得以保留。伴随着这些重要信息的丢失，文物的文化形象也大打折扣。观众只知道它"是什么"，却不知道它是"什么样"，也不知道它"意味着什么"。这一现象在河南博物院文物名称的英译中极为常见。当然，这一问题同样存在于其他的译文中，如例（16）：

钧窑玫瑰紫葵花盘

宋代（公元 961~1134 年）

高 3.3cm　口径 19.5cm　足径 8cm

板沿、葵花口、浅腹、圈足。盘内外施青灰釉，釉面布满开片，并有大片的玫瑰紫彩斑，此乃以久负盛名的钧窑窑变工艺烧制而成。

Mallow-shaped plate in rose purple glaze, Jun ware

Song Dynasty（A. D. 960—1279）

Unearthed at Fangcheng, Henan

Height：3. 3 cm

Mouth diameter：19. 5 cm

Foot diameter：8cm

从例（16）中不难看出中文介绍信息翔实，而英文翻译中却略去了很重要的描述信息。

三、信息缺失

博物馆文本英译中的信息缺失也是一个很大的问题。在博物馆文本的翻译中，这种问题随处可见。许多博物馆文本翻译提供的译文是不完整的，大多数只给出了文物的名字和朝代。如例（17）：

> 河南的古代音乐，已经有近9000年的发展历程。从新石器时代早期的贾湖骨笛开始，到4000年前龙山文化的特磬，3000年前夏王宫的铜铃，以及殷墟的编铙编磬，西周的编钟，更有春秋战国的各类钟鼓磬瑟、管箫琴笙等。用这些上古音乐文物开发出的乐器配器成乐，加上音乐考古学家的古曲创编，更使我们从中品味出河南史前先民草莽的笛声、夏商王宫女乐的唱和、郑韩城内歌钟的悠扬、桑间濮上士女的欢唱、信阳楚王城的鼓声、丹江岸边王子王孙的钟乐。以史作证，以物为鉴，这里奏响的将是上古华夏民族的心灵之声。

【译文】The ancient music in Henan has a history of nine thousand years. At present, archaeologists have discovered many ancient music instruments here, including bone flutes unearthed at Jiahu site of Neolithic period, teqing of Longshan culture, bronze bell of the Xia dynasty dating back to 3000 years ago, bian nao and qing unearthed from Yin ruins of the Shang Dynasty, bian zhong bells of the Ying and Guo states in western Zhou Dynasty, and all kinds of instruments in Spring and Autumn period, such as bells, drums, stone chimes, se, pai pipe, xiao, qin, sheng, etc. Making use of these ancient music instruments, musical archaeologists create the melodies. Now we will appreciate the pure music from our ancestors' soul here. (Henan Museum)

在这个例子中，第一句就介绍了河南古乐的悠久历史，但下文中对观众并不熟悉的"龙山文化"（Longshan Culture）以及"新石器时代"（the Neolithic period）、商、西周、春秋等历史名词并无深入介绍。由于这些名词对外宾来说没有任何时间概念，也就没有太大的意义。另外，古乐器的名称，特磬、铜铃、编铙编磬、编钟、管箫琴笙等即便对中国人来说亦不熟悉，那么对于对那些外国观众来讲，简单的音译可能只是毫无意义的符号。再者，"贾湖""殷墟"之类的历史遗址也需要更为详细的信息辅助观众的理解。

同样的问题也可见于例（18）：

宋代是我国陶瓷史上的鼎盛时期，河南是这一时期我国的瓷业中心。全国五大名瓷中钧、汝、官三窑均在河南。除此之外，大量民窑也烧造品质各异的民用瓷。河南瓷业呈现出百花竞放、争奇斗艳的局面。

【译文】Song Dynasty was the heyday in the history of Chinese porcelain, and Henan was the center of porcelain productions. During this period, Jun, Ru and Guan wares, which were three of the five famous official wares serving the imperial and noble, were all produced here in Henan. Besides, a large number of folk kilns produced ceramics for the common. The two systems in the production of porcelain created a colorful scene with abundant varieties in the porcelain industry of Henan. (Henan Museum)

在这个例子中，有"Jun, Ru and Guan wares""were three of the five famous official wares"，但并没有更详尽的信息告诉观众"the five famous official wares"指的是什么，或者"Jun, Ru and Guan wares"具体为什么。因而，对那些对中国瓷器的文化背景知之不多的外宾来讲，它们也

就失去了意义。为了更为有效地跨文化传播，需要提供更多的翔实信息。

博物馆的文本翻译是以文化交流与传播为目的的翻译活动，应该尽量介绍和宣传中国文化，翻译出文物的文化内涵。如果采用直译无法译出，可以采用注释的方法来说明，而不应该直接忽略。

四、缺乏一致性

文物翻译虽无定本可言，但必须遵守统一的翻译原则。在博物馆文物英译中还有一个问题就是同样展品英文翻译却截然不同，这势必会造成误解，让观众觉得它们并不是同类文物，但又迷惑于到底不同在哪里。例如：

（19）绘彩文吏俑　painted pottery civil official。

（20）绘彩武士俑　painted pottery warrior figure。

（21）三彩文吏俑　sancai glaze pottery attendant official。

（22）绘彩男俑　金代（公元 1115～1234 年）

painted pottery figurine　Jin Dynasty（A. D. 1115—1234）

（23）绘彩女俑　金代（公元 1127～1234 年）

painted pottery figurine　Jin Dynasty（A. D. 1127—1234）

在例（19）和例（21）中，"文吏俑"分别译成了"civil official"和"attendant official"。而在上面的几个例子中，"俑"有时译为"figure"或者"figurine"，有时又被省略。这不可避免地会增加观众的理解难度。而且，"金代"在例（22）和例（23）的注释中年代还是不同的，这必将给观众带来极大的困惑。

此外，在国家博物馆，笔者看到不少文物翻译也存在类似的问题：

筒形陶罐　Barrel-like Pottery Jar

桶形彩陶器　Painted Cylindrical Pottery Vessel

桶形彩陶瓶　Painted Cylindrical Pottery Vessel

上文罗列的三种与"桶形"相关的三种文物名称，有的译成了"barrel-like"，有的译成了"cylindrical"。

陶壶　Pottery Jar

船形彩陶壶　Boat-shaped Painted Pottery Jar

三足套壶　Pottery Jar with Three Legs

绿釉陶壶　Green-glazed Pottery Hu（wine or grain container）

兽耳青铜壶　Bronze Hu（wine vessel）with Animal-shaped Handles

"颂"青铜壶　"Song"Bronze Hu（wine vessel）

不难看出，"壶"的译法也出现了同样的问题，仅仅在同一个博物馆，"壶"就对应了"jar"和"hu"两种不同版本的翻译。Jar 是根据壶的形状和作用意译过来的，而"hu"则是采用汉语拼音进行了音译。当然，"jar"是为了让懂英语的参观者更加了解展品的形状和作用；音译的"hu"则更加注重中国文化的独特性，认为音译更能体现"壶"的文化背景和特色，在音译的同时又用括号注释补充说明其用途，为参观者减轻阅读负担。其实两种翻译方法各有所长，但是如果这两种情况同时出现在同一个博物馆的文物翻译中，两种表达混用，难免有点前后不一，自相矛盾，也会给参观者带来困惑（朱安博、杨艺，2017：45-48）。

五、翻译不当

现存中国博物馆文本的英译都存在翻译不当的问题，主要是不符合西方游客的思维模式和阅读习惯。例如，西方博物馆和中国博物馆在文物介绍上存在着侧重点不同，同时，所用词汇的正式程度也不一样。

例（24）：

锡胎嵌螺钿凤凤鸟纹高足杯

清公元 1644~1911 年

Tin-bodied and Mother-of-Pearl Inlaid High-footed Cup with Phoenix Design

按照习惯，西方博物馆给出的文物介绍首先会提供文物的一个简短并简单的名称，随后才会解释详细的细节。相反，中国博物馆给出的文物介绍基本上会直接提供一个尽可能包括全部信息的复杂名称，一旦按照名称直接翻译，往往会让外国游客摸不着头脑。

六、理解错误

理解错误是文化传递中最应该避免的低级错误。然而，这样的错误却比比皆是。

以上几种错误不仅存在于河南博物院的英文译本中，事实上它们在中国的很多博物馆里都是随处可见的。它们导致误解，阻碍有效的跨文化传播与交流。因此，相关部门必须尽快采取措施完善博物馆文本的英译，其中最为重要的就是构建其翻译模式，研究其翻译方法。

七、过度音译

前文探讨"壶"的翻译时就提到了博物馆文物名称的音译现象。实际上，国家博物馆很多展品名称都采用了"音译+括号注释"的翻译策略，由于很多文物名称大多是由较为生僻的汉字组成，有着深厚的文化内涵。虽然古代西方社会也存在着一些外形类似的器物，但是用简单的英语单词很难表达其中的文化意义，因此国家博物馆在翻译中多采用音译加注的方式，这样的翻译策略有利于避免翻译过程中文化元素的弱化和流失。但是，并不是所有的文物名称都应全部音译，在无法译出文物中蕴含的文化信息时，音译是一种不错的选择，可如果一味采用音译，不对信息加以甄别，则有滥用音译之嫌。例如：

"蔡侯申"青铜方壶　"Cai Hou Shen" Bronze Fanghu（wine vessel）

"襄安君"青铜扁壶　"Xiang'an Jun" Bronze Bianhu（wine vessel）

在这两个文物名称翻译的过程中，译者将"方"和"扁"两个表示物品形状的汉字也进行了音译处理，并不可取。

第九章

博物馆文本翻译的性质、
过程、原则和标准

一、博物馆文本翻译的性质

翻译的性质这一话题历久弥新，很多专家和译者都曾提出了自己的观点。具体到博物馆文本的翻译，应该从跨文化传播的角度进行考虑。将博物馆文本译成英文就是为了将中国的民族文化介绍出去，从而得到世界范围的认同与理解。因此，在翻译的过程中，译者应该时刻牢记博物馆文本英译就是跨文化传播与交流的一部分，并尽可能地采取办法实现这一目的。只有其译文能够实现有效的跨文化传播的时候，才算是成功的。

简言之，博物馆文本翻译就是跨文化传播的一部分。

二、博物馆文本翻译的过程

"翻译过程是正确理解原文和创造性地用另一种语言再现原文的过程（张培基等，1983）。"大体可以分为四个阶段：理解、表达、修改、校核。具体到博物馆文本翻译，这四个阶段应该具体为：分析阶段、转化阶段、表达阶段、检验阶段。

（一）分析阶段

分析即理解，是翻译的前提，没有正确的理解就谈不上准确的翻译。

分析原文词与短语的处理以及研究语法的运用是翻译工作最基本的任务。当译者对原文有了深入的理解，又能自如地用目的语来表达时，翻译就成了驾轻就熟的过程。透彻地理解原文包括理解语言本身，即词义、语法等；理解逻辑关系，可以帮助译者理解词语、句子所表达的内涵，找出最确切的译法；将词、句子放在原文所表达的文化背景中理解，有助于译文忠实于原文的内容和风格。反之，如果对源文本的理解出现偏差，必然造成翻译中的错误，例如：

钧窑玫瑰紫葵花盘　Mallow-shaped plate in rose purple glaze，Jun ware

在这个例子中，文物名称的翻译有一个很严重的问题。根据《简明百科全书》，"盘"在中国古代庆典时盛水供达官贵人洗手的一种容器，而"plate"则是一种平底圆盘，是用来盛食物的，很显然，这个时候将"盘"理解为"plate"并不合适。

（二）转化阶段

转化阶段也就是将译者的理解用目的语表达出来的过程。翻译的好坏取决于对原文的理解和目的语言的掌握程度。理解是翻译的前提和基础，但理解了原文并不意味着能够准确地表达原文意思。表达阶段需要写作水平和翻译技巧，更需要在译入语中找出恰当的表达，若译入语中存在对等表达（A→A），译者可以采取拿来主义，直接拿来为我所用；若译入语中没有对等的表达（A→0），或者源语中的 A 和译入语中的 B 才是真正内涵相等的表达（A→B），这时译者就必须灵活处理，采用音译或者释译等方法来将本民族特有的文化现象介绍给其他国家。例如：

灰陶埙　商代　安阳殷墟妇好墓出土

埙是我国最早的吹奏乐器之一，这种埙以出自安阳殷墟的陶埙为蓝本。古书曾记："伏羲氏灼土为埙"，说明这种陶土烧制的乐器出现在三皇五帝那遥远的年代。这里介绍的埙呈倒置的螺形，顶端有一圆形吹口，为五音孔埙，近低处一面有倒品字形音孔 3 个，另一面有左右对称的音孔 2 个，一大一小，形制相同，均作平底，经测音，可发 11 个音，从测音结果看，可以吹出七声音阶，已有若干音阶与调式，制造也已趋向规格化，可能已有标准音或绝对音高的概念。音色苍凉忧郁，如泣如诉。这种中国特有的闭口气振乐器，保存了一个古老的音响世界，引导人们走入一个苍茫悲怆的意境之中。

Gray Pottery Xun　　Shang Dynasty　　Unearthed at Fuhao Tomb，Yin Ruins，Anyang

Xun is one of China's earliest wind instruments，and this piece was produced with the pottery excavated at the Yin Ruins，Anyang. According to ancient records，"Fuxi，the mythical first ruler of China"，made Xun by burning clay. This story indicates that the instrument emerged in the remote era of the Three August Ones and the Five Emperors.

The Xun referred to here is a top-side-down conch shape. It features a round opening at the top. To be specific，it is a Five-Sound-Hole Xun，3 sound holes are in a reverse pyramid arrangement on one lower side，and 2 holes in symmetrical distribution can be found on the other side. The holes are different sizes，but the same shape. The instrument has a flat bottom.

According to sound measurement，the instrument is able to produce 11 different sounds，and extends 7 scales. As a variety of scale and tone was available，the manufacture of the instrument was proven to be standardized to certain extent，and in this respect it might have enjoyed standard or absolute pitch. The musical timbre，lonely and melancholic expresses a plaintive voice. The unique Chinese closed wind instrument has preserved an ancient world of sound and music，leading us to poetic imagery full of vastness and sorrowfulness. (Henan Museum)

在这个例子中，埙、妇好、伏羲都是中国文化所特有的，在英语中没有对等的表达，所以都采取了音译。"灰陶""吹奏乐器"和其他一些音乐术语都可以在英语中找到对等的表达，就可以直译。而为了达到功能的对等，译文也大量采用了释译。

（三）表达阶段

翻译如同写作，是一种再创作的过程，不可能一蹴而就，对原文的分析、理解、翻译需要反复多次有意识地在原文中发掘其词、句的内涵。一部优秀的译文是译者反复修改的结果。从某种意义上讲，修改阶段比表达阶段更重要，忽视了修改阶段，必然会造成胡译、乱译、错译的情况发生。

（四）检验阶段

检验阶段不同于分析、转化和表达，它能够将翻译中的问题和错误暴露无遗。至于博物馆文本翻译的检验，事实上就是一个接受反馈的过程。现在，中国博物馆与其他国家博物馆的交流是非常普遍的，此时，最好的办法就是让他们的友好博物馆来帮助他们检验其英文文本，译者可以根据其反馈意见进行修改。这一过程对于提供高质量的文本是行之有效的。

除了上述四个具体阶段之外，核校也是很重要的。对于一个刚刚从事翻译的新手来说，请有经验的译者或者专家帮助校对以确保译文质量是非常必要的。通过仔细的核校，很多语言错误和印刷错误都是完全可以避免的。

三、博物馆文本翻译的原则和标准

翻译原则和翻译标准是从两个不同的角度探讨同一个问题。翻译原则是译者在翻译过程中应该遵循的，而翻译标准则是读者或者翻译评论者衡量翻译质量的尺度。

现在，翻译界较为推崇的翻译标准是内容忠实、语言通顺、文体恰当。这是各类翻译共同遵循的基本标准，博物馆文本英译也不例外。除此之外，博物馆文本英译还要遵循以下原则和标准：

（一）信息性原则

博物馆文本一般都承载着丰富的文化信息，为了吸引译文读者，给他们提供尽可能多的信息，译者应该尽可能地传达源文本的概念意义与所指意义，同时提供背景信息帮助他们更好地理解其文化内涵。此外，译文应该言简意赅。例如：

虎座木鼓　战国　信阳长台关出土

上古，人们提及最多的打击乐器就是鼓。黄帝是鼓的发明者。传说黄帝在与蚩尤作战时，八面夔鼓齐鸣，声震千里，使蚩尤闻声丧胆。这里的虎座鼓与虎座鸟架鼓，是根据出土于河南信阳长台关战国墓的鼓复制而成的，鼓座为两只对尾的伏虎，通体绘黄、红、褐相间的鳞纹与卷云纹，和虎背连接的凤足鼓架上，是一个桐木制成的黑红色云纹大鼓。高大的凤鸟鼓与威风凛凛的虎座鼓，构成了仿古乐器中最为亮丽的风景线。

Wooden Drum with Tiger – shaped Stand：The Warring States Period，unearthed at Changtaiguan，Xinyang

In the remote antiquity，the most frequently used percussion instrument was the drum. It is said the drum was invented by the Yellow Emperor. The story goes，when the Yellow Emperor was at war with Chiyou，he had 80 grand drums fashioned and ordered them to chorus，and the terrible sound of the deadening drums struck terror into the Chiyou people. The Wooden Drum with a Tiger-shaped Stand，the Wooden Drum with Phoenix-shaped Rack，and the Tiger-shaped

Stand are the replicas of drums unearthed at a Tomb of the Warring States Period, Changtaiguan, Xinyang, Henan Province. Each drum stand consists of two crouching tigers positioned back-to-back. The tigers, are yellow-, red-and brown-colored, and decorated in a bear scale and cloud patterns. The drum rack is in the shape of a phoenix's claw and is connected to the tigers' back. It is a cloud-patterned bass drum of black and red, which is made from tung wood. The tall Wooden Drum with a Tiger-shaped Stand and the Wooden Drum with Phoenix-shaped Rack and Tiger-shaped Stand are the most conspicuous of the imitated antique musical instruments.

(Henan Museum)

尽管上例译文仍需进一步地完善，但它已经完整地传达了源文本的信息，可以算得上一篇不错的译文。

（二）简洁性原则

中国文化博大精深，对于刚刚接触中国文化的外国游客来说，理解起来还是有一定难度的。因此，博物馆文本英译应该力求简洁、易懂。换句换说，译本应该通顺自然、清晰易懂。否则，游客可能会望而却步，最终失去兴趣。例如：

> 鼓是我国原始社会最重要的打击乐器之一。我国古代有许多关于鼓的传说，其中在皇帝与龙逐鹿中原时进行的逐鹿之战中，鼓就是皇帝取胜的法宝之一。据载，皇帝制作的鼓，敲击起来"声闻五百里，以威天下"，遂战胜龙，取得胜利。至春秋时期，器乐演奏形式有了较大的发展，不仅可以独奏，而且可以合奏。其中以鼓、编钟、石磬为主的"金石齐鸣"，"钟鼓之乐"就是最具代表性的一种。

> Drum is one of the most important percussion instruments in ancient China's primitive society. There were a lot of legends con-

cerning drums in ancient China among which one tells us that drums helped the Yellow Emperor defeat an enemy Dragon during a fight on the Central Plains. According to the records, the drums made by the Yellow Emperor, when knocked, "sounded for 500 miles and intimidated the world". In this way the drums played a decisive role in the battle. Until the Spring and Autumn Period, the forms of performing instrumental music had developed by a large margin, giving rise to not only sole performances, but also ensemble. "The Gold and the Stone Singing out in Harmony", or "the Music of Chimes and Drums", is the most representative, highlighting drums, chime bells, and stone chimes. (Henan Museum)

在这个例子中，译文语言整体来说还比较通顺自然、清晰易懂。简明扼要的介绍不仅能帮助外国游客获取更多中国传统乐器方面的信息，同时也会培养其对中国文化的浓厚兴趣。

（三）文化完整性原则

博物馆文本英译的最重要的目的就是将中国文化介绍给世界，从而赢得世界范围的理解与认同，因而，文化的完整性是博物馆文本英译中首先需要考虑的问题，也是实现有效的跨文化传播和交流的关键因素。

总之，除了遵循一般翻译的信、顺、达的标准和原则之外，博物馆文本英译还应遵循信息性原则、简洁性原则和文化完整性原则。

第十章

博物馆文本翻译策略、方法和技巧

一、翻译策略、翻译方法、翻译技巧的概念区分

在翻译研究中，有一个问题一直以来都未引起学界足够的重视，并因此在一定程度上妨碍了翻译研究的进一步发展，这个问题就是翻译研究中的概念混淆，其中又尤以"翻译策略"、"翻译方法"和"翻译技巧"这三个概念的混淆为甚。一方面，学界对翻译"策略"、"方法"和"技巧"的讨论虽多如牛毛，但把它们作为一个方法论系统的关键要素进行综合研究，深入考察其各自的内涵、相互关系及分类体系的系统性研究还相当少见。另一方面，学界在对这三个术语的认识和使用上普遍存在着定义不明、分类不当、概念混淆不清的问题。例如，在一些翻译教材中，"归化"与"异化"一方面被作为"翻译方法"加以讨论（龚芬，2011：79-81），另一方面又被视为"翻译策略"进行阐述（龚芬，2011：93-106）。一些翻译论文把本应属于翻译技巧层面的增补型翻译（类似于增译）、浓缩型翻译（类似于减译）划归为"翻译策略"的类别（李克兴，2004：66-67）。在一些翻译方向的硕士研究生论文中，把翻译"策略""方法""技巧"混为一谈的更是比比皆是。甚至翻译专业的老师对此问题也存在一些模糊的，甚至是错误的看法（如把归化等同于意译，把异化等同于直译）。

国外学界对此也存在一些模糊或混淆，或未予严格区分。比如 Shuttleworth 和 Cowie（2004：44，59）一方面把 domestication/foreignization 称作是"strategy"，另一方面却又把 free/literal translation 也视为"strategy"

（李克兴，2004：63，96）。Vinay 和 Darbelnet（2000）把翻译方法（method）分为两类：直接翻译（direct translation）和间接翻译（oblique translation），前者包括三种处理方式（procedures），即借译、拟译、直译，后者包括四种处理方式，即词类转换、视点转换、等值翻译、顺应翻译。可在论述中却经常把其划分出来的"方法"（methods）和"处理方式"（procedures）混为一谈。另外，他们把"借译、拟译、直译、等值翻译、顺应翻译"和"词类转换、视角转换"划归为一类（同属procedures）也欠妥当，因为前者应属"翻译方法"的范畴，而后者则应属"翻译技巧"的范畴。实际上，这里 Vinay 和 Darbelnet 的分类涉及三个层面：翻译策略、翻译方法和翻译技巧。其划分出来的两大"翻译方法"（直接翻译和间接翻译）其实应为"翻译策略"（所以 Munday 说，"The two general translation strategies identified by Vinay & Darbelnet are direct translation and oblique translation"，见 Munday，2001：56），而在其划分出来的七类"处理方式"中，前三类和最后两类属于"翻译方法"，第四、第五类则属于"翻译技巧"。总之，Vinay 和 Darbelnet 在其分类中把翻译"策略、方法、技巧"混淆在一起，这也导致后来很长时间学界在这几个概念上的混淆（Molina & Albir，2002：506）。

关于国外译学界在译学术语，特别是在"翻译策略、翻译方法、翻译技巧"三个术语上所存在的概念混淆、使用混乱的问题，Chesterman（2005）、Molina 和 Albir（2002）曾专门撰文进行讨论。Chesterman 指出，学术界用于描述文本操作过程的术语除翻译"策略"外，其他还有"技巧、方法、转换、转化、变易"等。他认为这种众多术语相互混用的情况造成了"混乱"（confusion）（Chesterman，2005：20），并且讨论了造成这种混乱的原因以及解决办法，提出可以从众多的术语中挑选出三个关键术语 Strategy、Method 和 Technique，对它们进行严格的定义，以便对翻译现象和过程进行更为清晰而准确的描述（同上：26-27）。

Molina 和 Albir（2002）着重对翻译研究中"翻译技巧"（translation technique）的定义、分类及使用中的混淆问题进行了讨论。在回顾了

Vinay 和 Darbelnet（1958）、Nida（1964）、Vazquez - Ayora（1977）、Delisle（1993）等学者关于"翻译技巧"的定义及分类后，他们得出结论：对于"翻译技巧"，学术界"在术语使用、概念内涵及分类上存在普遍的混淆"，尤其是学术界"一直把'翻译技巧'与'翻译方法'和'翻译策略'混淆在一起"（Molina & Albir，2002：506）。他们认为应明确对这三个概念予以区分（同上：507，508）。

总之，国内外学界在"翻译策略""翻译方法""翻译技巧"这几个关键术语上均存在概念模糊、分类不当、使用混淆的问题。对此国内很少有学者进行深入、系统的讨论。国外虽有讨论（Zabalbeascoa，2000；Molina & Albir，2002；Chesterman，2005），但相关的论述总体来看并不十分充分，特别是缺乏对这三个关键概念的相互关系及其各自分类的系统性研究。这是翻译研究，特别是翻译方法论体系构建中所存在的一个亟待解决的问题。"术语系统的规范与成熟是学科建设的前提和基础……我们自身在学术研究中对术语概念的表述不够规范系统。在同一种、同一期杂志里，对同一概念的表述反应都不尽一致，甚至同一位作者在同一篇文章内对同一概念的表述也前后不一致"（杨平，2003：4），这对学科的健康发展是极为不利的。

笔者认为，"翻译策略""翻译方法""翻译技巧"是翻译研究和翻译实践中非常重要的三个基本概念，更是翻译方法论系统构建中最为核心的要素。对这些概念及其构成要素的内涵、相互关系及分类体系进行深入、系统的研究，澄清一些模糊概念，厘清思路，消除混淆，显然是很有必要的。

（一）翻译策略的定义

"策略"，是指"适合具体情况的做事原则和方式方法"（辞海编辑委员会，2009：231），是"可以实现目标的方案集合"（互动百科）。因此，"策略"，虽与"方式方法"有关，但它更多强调的是宏观的"原则"和基本的"方案"。"策略"的英文表述"strategy"的定义也体现了这一点："a plan or policy designed for a particular purpose"（OALD）。

国外有学者（Lorscher，1991）把翻译策略（translation strategy）分为两类：局部策略（iocal strategy）和整体策略（global strategy）。前者指翻译中特定语言结构和词汇的处理方式；后者更为宽泛，涉及宏观层面的语篇风格及对原文某些特质的抑制或凸显等问题。这种分类在当时引发了一些争议，因为它会导致（或者无法消除）翻译中的过程意义（procedural sense）和文本意义（textual sense）的混淆（Kearns，2010：283）。Chesterman 早期对翻译策略的分类即是如此（Chesterman，1997：87-92），不过后来他放弃了这种分类，提出"我们应把策略（strategy）这个术语限制在其基本的'解决问题'（problem-solving）这个意义上，把它视为一定语境下所实施的一种方案"（Chesterman，2005：26）。可见在 Chesterman 看来，翻译策略应该是且应该只是宏观层面的一种解决问题的"方案"（plan）。笔者认为，Chesterman 关于"翻译策略"的这一认识对消解该术语与其他相关术语（如"翻译方法"与"翻译技巧"）的混淆是很有帮助的。

基于以上对"策略"的认识，我们把"翻译策略"定义如下：翻译策略是翻译活动中，为实现特定的翻译目的所依据的原则和所采纳的方案集合。

（二）翻译方法的定义

"方法"，是指"解决思想、说话、行动等问题的门路、程序"（中国社会科学院语言研究所词典编辑室，2002：544），是"为达到某种目的而采取的途径、步骤、手段等"。"方法"的英文表述"method"的定义也与此类似："a particular way of doing something"（Collins）。另外，采用什么"方法"不是任意的，而是"基于事先确定的一定的原则或方案"（Zabalbeascoa，2000：119）。可见"方法"是属于"策略"之下的一个范畴。

基于以上对"方法"的认识，我们把"翻译方法"（translation

methed）定义如下：翻译方法是翻译活动中，基于某种翻译策略，为达到特定的翻译目的而采取的特定的途径、步骤和手段。

需要指出的一点是，"翻译方法"体现的是一种"翻译中的概括性的处理方式，而非具体的、局部的处理办法"（Chesterman，2005：26），这一点对于我们能把"翻译方法"和"翻译技巧"做区分是至关重要的。

（三）翻译技巧的定义

"技巧"，是"表现在艺术、工艺、体育等方面巧妙的技能"（中国社会科学院语言研究所词典编辑室，2002：916）。采用什么"技巧"不是任意的，而是"依据事先确定的一定的方法或程序"（Zabalbeascoa，2000：121）。可见"技巧"是属于"方法"之下的一个范畴。"技巧"的英文表述"technique"的定义也体现了这一点："a particular method of doing an activity, usually a method that involves practical skills"（Collins）。

基于以上对"技巧"的认识，我们把"翻译技巧"（translation teohnique）定义如下：翻译技巧是翻译活动中，某种翻译方法在具体实施和运用时所需的技术、技能或技艺。"翻译技巧"是局部的、微观层面的，是对文本在语言层面的操作和操控（Chesterman，2005：26）。

（四）翻译策略、翻译方法、翻译技巧三者之间的关系

这三个概念相互之间形成一种从上至下的层级关系，即从宏观到微观、从宽泛到具体、从抽象到具象。具体而言：

"翻译策略"相对"翻译方法"而言是一个更宏观、更宽泛的概念，是"一定语境下所实施的一种方案"（Chesterman，2005），因而"比我们所讨论的语言——语篇层面的各种转换现象涵盖了更广的范围"（Chesterman，2005：21）。某种"翻译策略"的实施具体体现在某些特定的"翻译方法"的运用，而某种特定的"翻译方法"的运用则需依据一定的翻译策略。

"翻译方法"相对"翻译技巧"而言则是一个更宏观、更宽泛的概念。如果说翻译技巧会影响语篇的微观或具体的语言单位呈现的状态，那么翻译方法则更倾向于影响语篇的宏观或整体的语言单位呈现的状态（Molina & Albir，2002：507-508）。某种"翻译方法"的运用需要使用某些特定的、具体的"翻译技巧"，而某种特定的、具体的"翻译技巧"的使用则体现了一定的"翻译方法"（熊兵，2014：82-88）。

二、博物馆文本翻译策略

翻译是文化交流悠久的活动之一，作为文化交流的桥梁，翻译在沟通国际间交流、丰富人类文化、促进文化趋同的过程中起着不可或缺的作用。翻译涉及作者和译者，涉及两种语言，更涉及两种文化。在文化趋同过程中，不同文化观念不可避免地会发生交叉和碰撞，从而给语言翻译者带来困难。那么在熟悉两种文化的同时，译者是应该从作者的角度出发，忠实于原语文本，尽量多地采用语义翻译，还是从读者的角度出发，以译入语文本为中心，多使用交际翻译呢？是采用归化的翻译策略还是异化的翻译策略呢？

（一）归化翻译

归化翻译法旨在尽量减少译文中的异国情调，为目的语读者提供一种自然流畅的译文。Venuti 认为，归化法源于这一著名翻译论说，"尽量不干扰读者，请作者向读者靠近"（Schleiermacher，2006；Venuti，1995：19-20）。然而，对 Venuti 来说，归化法带有贬义，因为归化法实际上体现了主导文化社会中常见的政策，即"盲目自大地使用单语，把外来文化拒之门外"。他还认为，主导文化社会"习惯于接受通顺易懂的译文，把外国文本中的价值观隐匿在本国的价值观之中，令读者面对他国文化时，还在自我陶醉地欣赏自己的文化"（1995：15）。这里的"隐匿"是一个重要的概念，因为它说明了译者在翻译中的角色。在以归化法作为标准翻译法的文化社会中，正是译者的"隐匿性"使译文自然而然地归化于目的语文化而不被读者发觉（1995：16–17）。

归化翻译法通常包含以下几个步骤：首先要谨慎地选择适合于归化翻译的文本；其次要有意识地采取一种自然流畅的目的语文体；然后要把译文调整成目的语篇体裁；再插入解释性资料；之后再删去原文中的实观材料；最后还要调协译文和原文中的观念与特征。

Venuti 指出，归化翻译法是英美文化社会中占主导地位的翻译策略。这种策略与该文化社会和其他文化社会的非对称文学关系相一致。由于归化翻译法流行于英美文化社会诸多领域，因此有必要有意识地选择其他翻译策略，以挑战其统治地位。以下分析一个归化翻译的例子。

A well-known scientist (some say it was Bertrand Russell) once gave a public lecture on astronomy. He described how the earth orbits around the sun and how the sun, in turn, orbits around the center of a vast collection of stars called our galaxy. At the end of the lecture, a little old lady at the back of the room got up and said: "What you have told us is rubbish." The world is really a flat plate supported on the back of a giant tortoise. The scientist gave a superior smile before replying, "What is the tortoise standing on?" "You're very clever, young man, very clever," said the old lady. "But it's turtles all the way down!"

(From Hawking, S. W. 1988. A Brief History of Time from the Big Bang to Black Holes. London and Auckland: Bantam Press.)

[从希腊译本回译] Alice in Wonderland was once giving a lecture about astronomy. She said that the earth is a spherical planet in the solar system which orbits around its center the sun, and that the sun is a star which in turn orbits around the center of the star system which we call the Galaxy. At the end of the lecture the Queen looked at her angrily and disapprovingly. "what you say is nonsense. The earth is just a giant playing card, so it's flat like all playing card," she said, and turned triumphantly to the members of her retinue, who seemed clearly satisfied by her explanation. Alice smiled a superior smile, "and what is this playing card supported on?" she asked with irony. The Queen did not seem put out, "You are clever, very clever," she replied, "so let me tell you, young lady, that this playing card is supported on another, and the other on another other, and the other other on another other other…" She topped, out of breath, "The Universe is nothing but a great big pack of cards," she shrieked.

【解析】原文是霍金（S. W. Hawking）的《时间简史》，属于科普著作，阅读对象为有一定文化程度的读者。其文本类型和读者类型决定了其语言特点是朴实明了，不带太多的修饰成分。译文（希腊语）的目的读者显然是少年儿童，译者根据目的语的文化背景，采用了归化翻译法，对译文进行了特殊的处理：采用了形象替代法，套用了少年儿童熟悉的 "Alice in Wonderland"（《爱丽丝游记》）故事中的人物来讲原文中的故事。爱丽丝（Alice）是一个充满好奇心、求知欲强、爱思考的女孩子，译者用她来代替原文中的科学家，对于少年儿童来说更加有吸引力。《爱丽丝游记》中有一段是讲爱丽丝与一个扑克王国的故事，而这个王国中最主要的人物就是皇后。爱丽丝常与皇后发生争论，而皇后的形象与原文中的老妇人（the old lady）十分相似，就是趾高气扬，固执己见。因此，译者用皇后（the Queen）代替原文中的老妇人（the old lady）；用扑克（playing card）代替乌龟（tortoise），整个故事里面的喻体变了，但是喻义没有变。

在博物馆文本翻译过程中，遇到类似的表达，也可以采用归化的翻译策略，但是，考虑到博物馆文本本身的特点，这一策略在博物馆文本翻译中运用得并不多。

（二）异化翻译

异化翻译法（或异化法）（Foreignizing Translation or Minoritizing Translation）和归化翻译法（或归化法）（Domesticating Translation or Domestication）是美国翻译理论家 Lawrence Venuti 于 1995 年创造的、用来描写翻译策略的两个术语。

异化翻译法是故意使译文冲破目的语常规，保留原文中的异国情调。Venuti 把异化翻译法归因于 19 世纪德国哲学家 Schleiermacher 的翻译论说："译者尽量不惊动原作者，让读者向他靠近"（Schleiermacher，1838/1963：47，1838/1977：74；Venuti，1995：19）。Schleiermacher 本人是赞同采用异化法的。Venuti（1995：20）指出，在盲目自大地使用单语，并把归化翻译法作为标准的文化社会（例如英美社会）中，应提倡异化翻译法。在这种情况下采用异化法，表明这是一种对当时的社会状况进行文化干预的策略，因为这是对主导文化心理的一种挑战。主导文化心理是尽力压制译文中的异国情调（或"异物"）。Venuti 把异化翻译描述成一种"背离民族的压力"，其作用是"把外国文本中的语言文化差异注入目的语之中，把读者送到国外去"。

具体说来，异化翻译法包括以下特点：①不完全遵循目的语语言与语篇规范；②在适当的时候选择不通顺、艰涩难懂的文体；③有意保留源语中的实观材料或采用目的语中的古词语；④目的是为目的语读者提供一次"前所未有的阅读经验"（1995：20）。不过，Venuti 也承认，译文是用"本土的文化材料"组成的，异化翻译只能是翻译过程中的其中一种策略，不同的是，采用异化法的译者一般都态度鲜明，而不是隐隐匿匿（1995：34）。

为了更好地传播中国文化，更因为博物馆文本本身包含了很多没有对等语的表达，因此，异化的翻译策略在博物馆文本翻译中运用相当广泛。

必须指出，把翻译策略分为"归化"与"异化"，这种二分并不意味着这两个概念是绝对的、是非此即彼的。异化与归化都是相对的概念，体现的是一种译者在选择是向原文作者靠拢还是向译文读者靠拢中的一种倾向性（tendency），这种选择与 Toury（1995：56-57）的"元规范"（initial norm）有异曲同工之妙：译者如果采用异化策略，则译文倾向于具有更好的充分性（adequacy），而如果采用归化策略，则译文倾向于具有更好的可接受性（acceptability）。任何译作，都是译者在异化策略与归化策略交织作用下产生的混合体，没有百分之百的异化的译文，也没有百分之百的归化的译文。

英国翻译理论家彼得·纽马克在 1981 年出版的《翻译问题初探》（*Approaches to Translation*）一书中首次引入了语义翻译和交际翻译这两个概念。语义翻译指译者在译语的语义规则和句法结构允许的前提下，尽可能准确地再现原文的上下文意义。它以原文为依归，力求保留源语文本的语言特点和表达方式，因而译文与原文的形式和风格更为接近。而与之相对应的交际翻译则试图使译文对译语读者产生的效果尽量等同于原文对源语读者产生的效果，它以译语读者为中心，注重译文的读者对象，主张根据文本的不同类型采用不同的翻译方法。

（三）语义翻译

语义翻译是英国翻译理论家纽马克提出的两种翻译模式之一，其目的是"在目的语语言结构和语义许可的范围内，把原作者在原文中表达的意思准确地再现出来"。语义翻译重视的是原文的形式和原作者的原意，而不是目的语语境及其表达方式，更不是要把译文变为目的语文化情境中之物。由于语义翻译把原文的一词一句视为神圣，因此有时会产生前后矛盾、语义含糊甚至是错误的译文。语义翻译通常适用于文学、科技文献和其他视原文语言与内容同等重要的语篇体裁。然而，需要指出的是，Newmark 本人也认为，语义翻译并非一种完美的翻译模式，而是与交际翻译模式一样，在翻译实践措施中处于编译与逐行译之间的中庸之道。

（四）交际翻译

交际翻译是英国翻译理论家纽马克提出的两种翻译模式之一，其目的是"努力使译文对目的语读者所产生的效果与原文对源语读者所产生的效果相同"（1981/1988：22）。也就是说，交际翻译的重点是根据目的语的语言、文化和语用方式传递信息，而不是尽量忠实地复制原文的文字。译者在交际翻译中有较大的自由度去解释原文，调整文体、排除歧义，甚至是修正原作者的错误。由于译者要达到某一交际目的，有了特定的目的读者群，因此他所生产的译文必然会打破原文的局限。通常采用交际翻译的文体类型包括新闻报道、教科书、公共告示和其他很多非文学作品。

值得注意的是，交际翻译并不是一种极端的翻译策略，它和语义翻译一样是翻译中的中庸之道，既不像编译那么自由，也没有逐行译那么拘谨。

一般说来，交际法翻译的译文流畅、自然，用词造句清楚明了，语义法的译文则比较复杂、拗口，"洋腔洋调"多一些。由于交际法赋予译者很大的权利，译者可以根据需要，对原文进行修改或润色；而语义法则必须处处尊重原文作者，灵活性相对差一些。

语义翻译试图在译入语的语义和句法结构允许的范围内传达原著的确切上下文意义。语义翻译是追求译文全文与原文全文在所表达的意思上等值的译法，除了字、词、句等语言单位要求等值，语义翻译通常还需考虑不同的语境关系，以期达到在篇章层次上的等值。语义翻译是等值层次较高，难度较大的译法。而在日常翻译工作中，许多译者都倾向于采用交际翻译法，包括新闻报道、科技文献、公文信函、宣传资料、广告、公共场所的通知标语、通俗小说等。但是如果作者使用的特定语言与其表达的内容同等重要，那么最好采用语义翻译法，不管这类文章是政治的、宗教的还是文学的。在某一具体的文本中，有些权威的语录、生动活泼新颖的比喻，只适用语义翻译法；相反，一些约定俗成的交际用语，已经众所周知的比喻则适用交际翻译法。交际翻译试图对译文读者产生一种效果，这个效果要尽可能接近原文对读者所产生的效果。

语义翻译与交际翻译结合运用的合理性通过对两种策略的比较，不难发现他们各有利弊：语义翻译较客观，讲究准确性，目的是追求译文体现原文的上下文意义往往造成"过译"，而交际翻译较主观，更注重读者的反应，视交际效果为关键，倾向"欠译"。在翻译中只用语义法或交际法都是不客观的。两者的结合才是恰到好处的方法。这一观点已得到中国译坛学者的认可。

语义翻译和交际翻译是两种不同而又相辅相成的翻译策略，两者的结合使用能够达到在译出原文的表层结构的同时又兼顾其深层文化内涵的效果。可见，语义翻译和交际翻译的结合使用是有其合理性的。

三、博物馆文本翻译方法

为了完善博物馆文本英译，首要措施就是探索博物馆文本英译的方法。

众所周知，博物馆文本英译的最大困难不在句法结构，也不在其他的语法问题，而是在于文化因素的传递。由于缺乏对等的文化因素，又缺乏相同的文化背景，想要让译文读者理解中国博物馆文本的内涵并非易事。无论采取何种翻译方法，原则只有一个：译文应该能够传达博物馆文本各个层次上的文化信息。

目前，以下几种翻译方法在博物馆文本英译中使用较为广泛：

（一）音译

所谓音译就是用译入语中发音近似的词语将外来语翻译过来，这种用于译音的词语不再具有其自身的原意，只保留其语音和书写形式，汉语中经常见到的音译很多，如：酷（cool）、迪斯科（disco）、托福（TOEFL）、雅皮士（Yuppies）、特氟隆（teflon）、比基尼（bikini）、尤里卡（EURECA）、披头士（Beatles）、妈咪（mummy）、朋克（punk）、黑客（hacker）、克隆（clone）等。音译在翻译某一文化中特有而在其他语言中找不到对等语的东西时是非常必要的。在博物馆文本翻译中，由于很多事物都是某一民族所特有的文化现象，音译使用相当广泛。例如：

灰陶觚（酒器）　grey pottery gu（wine vessel）

灰陶盉（酒器）　grey pottery he（wine vessel）

平底铜爵（酒器）　bronze jue（wine vessel）

陶簋（盛食器）　pottery gui（food container）

原始瓷尊（酒器）　proto-porcelain zun（wine vessel）

原始瓷豆（盛食器）　proto-porcelain dou（food container）

吹排箫砖俑　brick figurine of xiao player

兽面纹铜罍（酒器）　bronze lei with beast mask motif（wine vessel）

夔纹铜鬲（盛食器）　bronze li tripod with dragon pattern

"祖辛"铜卣　bronze you with the inscription of "Zuxin"（wine vessel）

在这些例子中，觚（gu），盉（he），爵（jue），簋（gui），尊（zun），豆（dou），箫（xiao），罍（lei），鬲（li），祖辛（zuxin）和卣（you）的翻译都使用了音译的翻译方法，因为它们在英语和西方文化中都不存在对等语。当然，对于那些对中国文化知之甚少的外国游客来说，这些表达在英语中出现之初也许只是一些毫无意义的符号，但是，通过注释，对它们的文化内涵或者其他文化信息加以详细解释或者描述，它们慢慢就会成为英语中大家所熟知的表述，从而在译介中国文化方面发挥积极的作用。事实上，博物馆中的文物名称很多都是采用音译。

名称不仅是表述物品的符号，更是符号化的文化。为了能够有效地反映文物名称，首先必须澄清文物名称（名）与文物（实）之间的关系。

在中国传统哲学中，名与实是一对矛盾，是对立统一的两个概念。用唯物辩证法来看名与实，"名"是形式，是现象，而"实"是内容，是本质。名是实的表述，实是名的依托。以墨翟（公元前475～前395年）为代表的墨家哲学认为名是所指，实是能指，名与实应该相符。实总是先于名而存在，名则是对实的模拟。在这一基础之上，后期墨家进一步将名分为三类，即达、类、私（郭尚兴，2002：311）。例如："人"是达名，"中国人"则是类名，而具体的一个人的名字如"张三""李四"则是私名，这一名称则只适用于一个具体的"实"。荀子也持有类似的观点，他认为具体分析和研究实之后，名才可以用来指实，也就是所谓的"实至名归"。

具体到文物名称，类似"食器"、"酒器"和"乐器"都只是达名，用于文物名称来提供信息还过于宽泛。鼎、觚、盉、爵、簋、尊、豆、箫、罍、鬲和卣都属于类名，这些表达都传递着文物的形状、功能、年代等方面的诸多信息，在英语中是无法找到对等的表达来替代它们的。在这种情况之下，文物名称翻译的唯一方法就是音译。但是，在音译的时候，下面两点必须牢记：

首先，应该采取加注的办法提供更多的文化信息，例如文物的类别、形状、功能以及文化内涵。正如后期墨家所说，应该"以类举，以类予"。以"鼎"为例，圆腹、三足两耳，与汉字"鼎"的形状有几分相似。鼎是中国古代祭天或者祭祖时用来煮肉或盛肉的器皿。作为权力的象征，鼎的使用数量在周朝有着严格的规定，据文献及考古发现九鼎应为诸侯之制，七、五鼎为卿大夫，三、一鼎为士级。但天子之制为十二鼎，是双数，但至今未见周天子之陵墓，故这个记载是否正确还有待证实。当然，刚刚开始的时候这样做是比较烦琐的，但是，随着这个新创造的表达在译入语中的反复出现，总有一天会被译入语读者很轻松地理解和接受，就像"Kungfu"（功夫）和"tofu"（豆腐）一样。

其次，在使用音译时译者也必须格外谨慎以免表达不当给译入语读者造成的混淆。例如盉（he）、卣（you）、龙（long），"he"、"you"、"long"在英语中都是有其特殊含义的单词，音译"盉""卣""龙"的时候如果还使用这样的拼写方式，必然会给译入语读者造成困惑。在这种情况下，有必要对其拼写形式稍作变动，也许可以写成"hee""yu""loong"等。

（二）直译

所谓直译，也称作逐字翻译，就是在译文语言条件许可的情况下，既保留原文的内容，又保留原文的形式，同时还能保留原文的民族色彩。当然，直译不等于死译或硬译，它必须遵守译入语的语言规范并能够确切地表达原文的思想内容。例如，white-collar worker（白领工人）、gold card（金卡）、green food（绿色食品）、soft–landing（软着陆）、sour grape（酸葡萄）、crocodile's tears（鳄鱼的眼泪）、summit meeting（高峰会谈）、hotline telephone（热线电话）等都是通过直译较好保存英语民族色彩的佳译，这些词汇也丰富了汉语的表达。

直译，是一种重要的翻译方法，它有不少优点，例如能传达原文意义，体现原文风格等。但是，直译也具有一定的局限性。例如译文有时冗长啰唆、晦涩难懂，有时不能正确传达原文意义，有时甚至事与愿违。所以，如果不顾场合条件，不顾中外两种语言的差异，一味追求直译，就必然"闯红灯"，进入误区，造成误译。直译之所以有误区，是因为语言的形式与内容，句子的表层结构与深层意义有时不统一；另外，中外文化历史背景不同，造成了不同的思维方式和不同的语言表达形式。

在博物馆文本英译中，在某些条件下，为了能够让译入语读者感受其浓厚的文化内涵，也需要使用直译的翻译方法。下面是河南博物院的几个例子：

The Dawn of Civilization— Primitive Age

Chipping stones into tools initiated culture

From eating raw meat to domestication and farming

From fearing nature to beautifying the world

From ignorance of geology to offering the assumption of round heaven and square earth

From dwelling in caves to building cities and establishing states

①文明曙光——原始时期

打制石器引发文化先声

从茹毛饮血到耕作务农

从惧怕自然到美化世界

从不辨地理到天圆地方

从洞穴岁月到兴建城邦

The Splendid Three Dynasties— Xia, Shang and Zhou Periods

Settling the capital in the Central Plain and establishing the ritual ceremony system

The oracle bone inscriptions started the written history

The emergence of porcelain crystallized the Oriental wisdom

Bronze bells and tripods cast the splendor of the Three Dynasties

②三代辉煌——夏商周时期

国都定中原制礼乐典章

甲骨文创字历史始有载

瓷器发端凝聚东方智慧

钟鸣鼎食熔铸三代辉煌

Incorporating the Diverse—The Western and Eastern Han, Wei, Jin, Southern and Northern Dynasties

Mansion economy created colorful cultures

Dance, music, painting and calligraphy took new style

Confucianism, Buddhism and Taoism tried to interpret Natural laws

While technological inventions played the leading role in the world

③兼容并蓄——两汉魏晋南北朝时期

庄园经济创造多彩文化

舞乐书画标立艺苑新风

儒、佛、道诠释天地之理

科技发明独领世界风骚

（三）意译

很多时候可能都无法在译入语中找到等值对应的词汇，而如果采取音译再加上解释又过于烦琐，甚至会造成译文读者理解上的困难。这时就不得不"抛开"原文，采用意译。当然，这里所说的"抛开"原文，只是说译文在形式上不再受制于原文的字面意义与语言结构，但在内容上还要忠实于原文，只不过是采用了一种更容易被译文读者理解和接受的形式来表达其内涵。例如：

I tried to make friends with my new neighbors, but I got the cold shoulders.

"shoulder"是"肩膀"，但在这个句子里，"cold shoulder"绝不是"冷肩膀"的意思。在英语中，这一表达是有其历史典故的：在骑士风行的年代，骑士们除暴安良、扶贫济困，深受人们爱戴，无论他们走到哪里都会受到美酒佳肴热情款待，一般路人则只能吃到一盘冷前腿肉，从此以后，"cold shoulder"便成了遭受冷遇的代名词。因此，如果将"cold shoulder"译为"冷肩膀"，译文读者就会不知所云，倒不如意译为"我想和新邻居交朋友，却遭到拒绝"更直观。又如：

Didn't she swear she'd never again believe anything in trousers?

在英语中，"trousers"除了有"长裤"的意思之外，还用来指"男人"。如果译文只求形式对应而将其直译为"她不是发过誓说她再也不相信穿裤子的人了吗？"就会让读者感到莫名其妙，甚至引起误解，而采用意译，将其翻译为"她不是说再也不相信任何男人了吗？"译文就一目了然了。

在博物馆文本翻译中，很多博物馆展厅都有序言，这一部分往往语言表达方面比较丰富多彩，但其目的都是为了让观众对接下来的系列展览有一个概括性的了解，同时，也会通过尽可能丰富的内容来激发观众的兴趣。而很多专题展览也会有一些简要的介绍，这样的文本如果采用音译，无疑是行不通的，而直译也无法将原文表达的内容全部贴切地体现在译入语中，在这种情况下便可以考虑采用意译的方式。例如，中国国家博物馆组织的《大美亚细亚——亚洲文明联展》就有一个专题介绍：

> 在漫长历史长河中，如亚洲的黄河和长江流域、印度河和恒河流域、幼发拉底河和底格里斯河流域以及东南亚等地区孕育了众多古老文明，彼此交相辉映、相得益彰，为人类文明发展和进步作出了重要贡献。今天的亚洲，多样性的特点仍十分突出，不同文明、不同民族、不同宗教汇聚交融，共同组成多彩多姿的亚洲大家庭。

在这段介绍中有很多具有中国文字特色的表达，如"历史长河""交相辉映""相得益彰""多姿多彩"，在翻译成英文的过程中，想要保留这些四字成语的形式是很难的，而且也没有太大的意义，因此，这些翻译不妨采用意译的方式，采用符合英语的表达习惯来讲述，只要可以达到提供信息和吸引读者的目的，那么这个翻译便是成功的。

（四）释译

所谓释译，即音译加注释或者意译加注释的翻译方法。由于中西方文化存在较大差异，中文某些含有文化信息的词语在英文中没有对应的表达，从而造成文化缺失，不利于中西方文化的交流与沟通。仅仅音译而不加注释则不能使外国游客完全了解文物背后的文化内涵；仅仅意译则只能译出字面意思而无法将其内在寓意传达出来。为了弥补音译和直译的缺陷，更好地准确传达信息，对此类文物的翻译都可以采用释译的翻译策略。根据奈达的观点，在任何翻译中都存在某种程度的语义缺失，但是在翻译过程中应该尽可能地将其降到最低。语义缺失是由不同民族的文化差异造成的。释译可以将直译无法表达的信息提供给译文读者，从而让他们真正了解源文本的内涵。例如：

编钟　bian zhong（bell-chime）

玉如意　jade ru yi（s-shaped ornamental object，formerly a symbol of good luck）

钧瓷　Jun ware

Jun ware is named after Junzhou where it was produced，and the site of the ruined kiln has been discovered in the present Yuzhou City，Henan Province. The basic colour of the Jun ware is sky blue. The technique of yaobian is often used，which refers to the changes of tints of colours by control of the temperature of the kiln.

铜钫　Bronze Fang（drinking vessel）

铜鼎　Bronze Ding（food vessel）

上面的几个都是采用释译进行处理的例子，译文读者可以从中得到更多的信息。

总之，在博物馆文本英译过程中，有时候需要加一些注释以帮助译文读者更多地了解中国传统文化，例如文物的文化内涵、年代、朝代、人名地名的含义等，这些对他们更好地理解华夏文明与文化都是很有帮助的。如果不提供更为详细的信息，外国游客在参观的时候很难真正了解中国文化。因此，在翻译博物馆文本的时候，译者应该时刻牢记：译文读者对中国文化知之甚少，但是他们很想了解。

（五）减译

中文文本对仗工整、善用修辞而富有诗意，而英文文本简洁明了，结构严谨，注重信息的准确传达。在包头博物馆每个展厅都有关于展厅的整体介绍，通常由几个段落组成，蕴含着丰富的中国文化内涵。这一部分文本应符合译入语的表达习惯，对部分语义繁杂的文本可用减译，对一些不影响文物及展厅介绍的描述也可适当删减，从而满足外国游客的阅读习惯。

例 1：中国是世界上岩画遗存最为丰富的国家之一，大江南北、大河上下、草原内外，遍布着令人叹为观止的珍贵岩画。

【原译文】China is the rock remains one of the richest countries in the world, inside and outside the great river north and south, up and down the river, grasslands, with breathtaking precious paintings.

大江，指的是长江；大河，指的是黄河；草原指的是中国北方辽阔的草原地带，这三个短语概括了整个中国地区，如果分别译为"on both sides of the river"，"up and down to the river"，"the inside and outside in prairie"，不仅无法表达这些短语所表示的具体范围，而且更会让外国游客不知所云。因此，对于这一部分的翻译，最好采用减译。此外，原译文存在较多语法语序上的错误，最好整句重新修改，使之成为地道的英语表达："China ranks among countries with most rock paintings."

例 2：数千年来，历朝历代在此逐鹿开疆，和亲修好，互市通商，屯垦戍边。草原文明与黄河文明在此交相辉映，黄河文明与草原文明在此融会贯通。

【原译文】Through business activities and political and cultural events, Grassland culture and Yellow River culture have met combined here.

交相辉映与融会贯通在此指代草原文明与黄河文明的融合，汉语对仗工整，朗朗上口，但若是逐字逐句地翻译则与英文简洁明了的兴文习惯不符，有中式英语之嫌。该句最好减译，将两者融合的意思表达出来，使外国游客理解即可。原译文也存在一些语法错误，综合修改之后可以变成：

For thousands of years, through various military, political, cultural and commercial activities between the dynasties, the grassland culture and the Yellow River culture have blended perfectly here.（王倩如等，2018）

（六）变通译法

所谓变通法，其实就是一种"混合译法"，它是在单一的直译或意译均无法准确传达原文内容的情况下采用的一种"迂回补偿法"。也就是根据博物馆文本的具体构成部分和文本翻译的特征，需要译者在处理文本时灵活综合采用音译、直译、意译、释译、减译等翻译方法中的两种或多种方法的策略，以期更好地传达博物馆文物所蕴含的丰富文化信息。例如：

John can be relied on, he eats no fish and plays the game.

约翰忠实地斋日不吃荤，凡事都循规蹈矩，是个可以信赖的人。

这个句子的翻译采用了直译加意译的方法。在英国历史上，曾出现过旧教与新教的激烈斗争，旧教曾规定教徒在斋日可以吃鱼，而新教则反其道而行之，拒绝在斋日吃鱼以示其对新教的忠心。因此，英国人用"eat no fish"表示忠心。这里译者把它直译为"斋日不吃荤"，再将其所蕴含的意义用"忠实"表达出来，既保留了原文的文化色彩，又方便译文读者理解，也算得上是较为巧妙的翻译。又如：

I am not talking about the castles in the air, the donkey's carrot.

我并不是在谈论空中楼阁，叫大家望梅止渴。

英文中的"castles in the air"与汉语中的"空中楼阁"正好对应，采取直译；而"donkey's carrot"如果直译为"驴的胡萝卜"未免让人费解，其实，它所表达的是"难以实现的目的"，此处用"望梅止渴"一词加以补充说明，起到画龙点睛的作用，也可谓翻译得恰到好处。

总之，中国博物馆文本翻译的过程就是中国向世界讲述中国故事的过程，在这一过程中，唯一的目的就是让听众愿意听我们的故事，能够听懂我们的故事，并且记住我们的故事。因此，最重要的并不是讲故事的过程中使用的哪个词或者语调的高低，而是最终能够实现目的。正是在这样的目的论指导下，博物馆文本翻译才可以根据需要灵活采用某一种或某几种翻译方法，以期达到最佳效果。

四、博物馆文本翻译技巧

在上述翻译方法中，除零音译一般不需要使用翻译技巧外，其他几种翻译方法（包括直译，因为直译也会涉及原文词汇、句法结构的变化）在具体的运用中都会涉及各类翻译技巧的使用。这些技巧林林总总，种类繁多，但是，大体可以归为五种，即增译、减译、分译、合译及转换。

（一）增译

"增译"（Addition）指根据目的语词法、句法、语义、修辞或文体的需要，或因受制于目的语某些特定文化规范，在翻译中增添某些词、句或段落，以更好地表达原作思想内容，或更好地实现特定翻译目的。例如：

I love three things in this world：sun，moon and you.Sun for morning，moon for night and you forever.

天地间，三事吾之所欣：昼则乐日，夜则惜月，一世则恋君。

此译文中增加了四个动词"欣""乐""惜""恋"，更好地体现原文的深层含义，即对"君"的爱恋之情。

值得注意的是，通常所说的"加注法"（annotation），实质上可视为增译法的一种特殊形式。

（二）减译

"减译"（Omission）指根据目的语的词法、句法、语义、修辞或文体的需要，或因受制于目的语的某些特定的文化规范，删减原文某些词、句或段落，以更简洁、顺畅地表达原作思想内容，或更好地实现特定的翻译目的。例如：

这么多年来他一直跟我作对。他就是我的眼中钉，肉中刺。

For years he has been setting himself against me—He is a thorn in my flesh!

持本人有效证件的离休人员免票。1.2 米以下儿童免票。

Free admission for children below l. 2 meters.

上例中，原文"离休"一词，是指"中华人民共和国参加中国共产党所领导的革命战争和从事地下革命工作的老干部，达到离职休养年龄，实行的离职休养的制度"。对于外国游客来说，原文下划线那段话对他们来说没有任何意义，所以翻译中略去不译。

（三）分译

"分译"（Division）指把原文一个句子切分，译成两个或两个以上的句子。例如：

The fanciful names at Arches National Park like Fiery Furnace, Three Gossips, Marching Men, Dark Angels, etc. do justice to the grotesque rock formations they denote. (Arches National Park, National Geographic)

石拱门国家公园内各景点的名称可谓五花八门，极富创意，如"火炉烈焰""三个长舌妇""行进者""黑暗天使"等。这些名称用来形容那满山造型怪异的山石群像可谓名副其实，惟妙惟肖。（原文一句，翻译中切分译为两个句子。）

（四）合译

"合译"（Combination），是指翻译中将原文的两个或多个句子合并，译为一个句子。例如：

The four men huddled there and said nothing. They dared not smoke. They would not move.

那四个人聚在那儿不说话，不敢抽烟，也不敢走开。（原文三句合为一句。）

（五）转换

"转换"（Shift）是指把原文的语言单位或结构转化为目的语中具有类似属性、或对应属性、或异质属性的语言单位或结构的过程。转换可涉及拼字法、语音/音韵、词汇、句法、语篇、修辞、语义、语用、文化各个层面。例如：

1. 拼字法层面的转换

拼字法，是指一种语言中的基本语言单位（如词、字）的拼写方式及其所呈现的拼写形式。在这一层面，两种语言在很多情况下是无法转换的。如：

您贵姓啊？/我姓张，弓长张。

但也有可以转换的情况，如：

秋天，一群群大雁常排成人字形一起飞过。

In autumn, flocks of geese often fly by in a V-shaped formation.

2. 语音/音韵层面的转换

这一层面的转换在诗歌翻译中较常见，主要涉及韵式转换及节奏转换。例如：

To see a world in a grain of sand,

And a heaven in a wild flower,

Hold Infinity in the palm of your hand,

And Eternity in an hour. (abab)

(W. Blake: *Auguries of Innocence*)

一沙一世界，

一花一天堂。

无限握手中,

永恒瞬时光。(abcb)

原文的 abab 韵式转换成汉语古诗中常见的 abcb 韵式。

3. 词汇层面的转换

这类转换主要涉及词类转换。例如:

掌握英语不容易,非得下苦功夫不可。

The mastery of English is not easy and requires painstaking efforts. (动词→ 名词)

4. 句法层面的转换

这类转换包括主动–被动转换、语序转换、形合–意合转换、主语–话题转换;等等。例如:

今天邀请大家来开座谈会,是要和大家就高等院校的专业设置交换意见。

You have been invited to this forum today to exchange ideas on the setup of specialties in colleges and universities. (主动语态→被动语态)

SLOW

CHILDREN

AT PLAY

儿童在游戏

车辆请缓行 (语序转换)

5. 词汇—句法的转换

这类转换相当于 Catford (1965/2000) 所说的 "层级转换" (Level shift)。如把原文的某个词/短语转换成译文的小句/句子。

Alchemists made resultless efforts to transfort one metal into another.

炼金术士企图把一种金属转变成另一种金属,这完全是徒劳的。

6. 语义层面的转换

如具体–概略转换，即把原文对某一事物或概念的具体化的表述在翻译中用概略化的表述来表达，或把原文对某个事物或概念的概略化表述在翻译中用具体化的表述来表达。例如：

咳，我每天都得为柴米油盐酱醋茶操心。

Alas，I have to worry about daily necessities every day.（具体→概略）

其他还有肯定–否定转换、模糊–明晰转换等。

7. 语篇层面的转换

英汉语篇在信息分布模式和语篇结构上有诸多区别，因此英汉翻译中需对原文语篇进行结构重组，以使译文符合目的语的语篇信息分布模式或语篇结构规范。例如：

在中国政府促进中部地区崛起战略的强力推动下，加上中部地区优越的自然资源和人力资源优势，国际产业和中国东部沿海地区产业加速向中部转移，正形成新一轮"潮涌中部"之势。

A new trend of "Coming to Central Region" is being fomed，owing to the strategy of boosting the rise of the central region，the advantages of natural resources and human resources in central China，and the transfer of international industries and industries from coastal areas of East China to the central China.

8. 语用层面的转换

在真实的交际场景中，中英文使用者在交流中各自会受到其不同的语用原则和语用规范的限制。因此翻译中需在语用层面进行适当的转换，以使译文符合目标语的语用规范。例如：

你一路上辛苦了！

How's your trip？/Did you have a nice trip？

9. 文化层面的转换

进行这一层面转换的根本原因在于不同民族具有不同的文化规范。翻译中如希望充分实现译文的可接受性，就需尽力要向目标语的文化规范靠拢（Toury，1995：56-57），这必然导致需要进行文化层面的转换。如把"雨后春笋"译为"spring up like mushroom"，或把《梁山伯与祝英台》译为"Romeo and Juliet"。

结　语

博物馆在中国对外交流中起着不可忽视的作用，其翻译是连接中西方文化的纽带，据有信息传递和呼唤功能。这就要求译者不仅要有扎实的语言水平和丰富的中西方文化背景知识，更要从翻译文本的功能和目的出发，灵活地选择翻译策略，例如注释、归化、异化等手段，使目的语读者在有限的时间内获取更多有用信息，领悟更多文化内涵，唯其如此，才能担负起准确高效传播文化的重要职责。

从以上各章节的探讨和分析中不难看出，博物馆文本英译在跨文化传播和交流中发挥着极其重要的作用。众所周知，博物馆文本英译的译文读者是以英语为母语或者能够理解英语的外国人。他们对中国文化有着浓厚的兴趣，他们希望看到的是信息完整、表达流畅、文化丰富的英语文本。为了满足他们的需求，译者必须付出极大的努力。

博物馆文本英译的真正目的是将中国文化传播到世界各国，让更多的人真正认识中国、理解中国、支持中国。为了达到这一目的，译者在翻译的过程中应该时刻牢记跨文化传播和交流的原则和标准，在文化辐合会聚理论的指导之下，与译文读者分享中国的民族文化遗产，从而实现相互理解。当然，文化辐合会聚只是一种取向，世界的文化的"大一统"是不可取的，也是大家都不希望看到的，各民族的文化特色永远都不会消失。在研究过程中，跨文化辐合会聚理论被运用到博物馆文本英译，因为有效的跨文化传播和交流需要交际双方求同存异。再者，在跨文化接触与传播模式的基础之上，本书尝试构建了博物馆文本英译的模式，用以阐明博物馆文本英译过程中各个层次文化信息的转化。在此基础之上，研究以河南博物院为例分析了博物馆文本的特征，探索了其翻译的方法。

此外，研究还初步讨论了博物馆文本英译的性质、过程、原则和标准，为提高博物馆文本英译的质量而不断探索。

总之，伴随着时代的发展，博物馆文本英译在跨文化交流与传播中发挥着越来越重要的作用，然而现在却依然问题重重，这就要求更多的学者和专家为之付出努力，不断提高博物馆文本英译版的质量，让世界更好地了解中国，并最终认同中国的文化。

参考文献

［1］［美］萨姆瓦，波特（Samovar，L. A. & Porter，R. E.）.跨文化传播［M］.北京：中国人民大学出版社，2004.

［2］Bowe，H. and Martin，K. Communication across Cultures：Mutual Understanding in a Global World［M］.New York：Cambridge University Press，2007.

［3］Chesterman，A. Problems with Strategies［M］.//Károly，K. and Fóris，A.（eds.）.New Trends in Translation Studies：In Honour of Kinga Klaudy［C］.Budapest：Akadémiai Kiadó.2005.

［4］Dehsle，J. La Traduction Raisonnée. Manuel D'initiation à la Traduction Professionnelle de L'anglais vers le Francais［M］.Ottawa：Presses de l'Université d'Ottawa，1993.

［5］Gudykunst，W. B. Theories of Intercultural Communication Ⅰ［J］.China Media Research，2005，1（1）.

［6］Gudykunst，W. B. Theories of Intercultural Communication Ⅱ［J］.China Media Research，2005，1（1）.

［7］Keams，J. Strategies［A］//Baker，M. and Saldanha，G.（eds.）.Routledge Encyclopedia of Translation Studies（2nd ed）［C］.Shanghai：Shanghai Foreign Language Education Press，2010.

［8］Kim，Y. Y. and Gudykunst，W. B. Theories in Intercultural Communication［M］.New York：Sage Publications，1988.

［9］Kincaid，D. L. Communication Theory：Eastern and Western Perspectives［M］.California：Academic Press，1987.

［10］Kincaid，D. L. The Convergence Theory and Intercultural Communication［A］//Kim，Y. Y. and Gudykunst，W. B. Theories in Intercultural Communication

〔C〕. New York: Sage Publications, 1988: 281-298.

〔11〕 Kulich, Steve and Prosser, Michael. Intercultural Perspectives on Chinese Communication〔M〕. Shanghai: Shanghai Foreign Language Education Press, 2007.

〔12〕 Kuper, A. and Kuper, J. The Social Science Encyclopedia〔M〕. London: Routledge and Kegan Paul, 1985.

〔13〕 Lefereve, A. Translation/History/Culture: A Sourcebook〔M〕. Shanghai: Shanghai Foreign Language Education Press, 2004.

〔14〕 Lorscher, W. Translation Performance, Translation Process and Translation Strategies: A Psycholingistic Investigation〔M〕. Túbingen: Gunter Narr, 1991.

〔15〕 Molina, L. and Albir, A. H. Translation Techniques Revisited: A Dynamic and Functionalist Approach〔J〕. Meta, 2002 (4).

〔16〕 Munday, J. Introducing Translation Studies: Theories and Applications (2nd ed.)〔M〕. London & New York: Routledge, 2008.

〔17〕 Newmark, P. A Textbook of Translation〔M〕. London: Prentice Hall International (UK) Ltd., 1998.

〔18〕 Newmark, P. Approaches to Translation〔M〕. Shanghai: Shanghai Foreign Language Education Press, 2001.

〔19〕 Nida, E. A. Toward a Science of Translating〔M〕. Shanghai: Shanghai Foreign Language Education Press, 2004.

〔20〕 Nida, E. A. Language, Culture and Translating〔M〕. Shanghai: Shanghai Foreign Language Education Press, 1993.

〔21〕 Nida, E. A. Toward a Science of Translation〔M〕. Leiden: E. J. Brill, 1964.

〔22〕 Samovar, L. A. and Porter, R. E. Intercultural Communication: A Reader〔M〕. Shanghai: Shanghai Foreign Language Education Press, 2007.

〔23〕 Samovar, L. A. and Porter, R. E. Communication between Cultures〔M〕. Beijing: Foreign Language Teaching and Research Press, 2000.

〔24〕 Schleiermacher, F. On the Different Methods of Translation〔A〕// Robinson, D. (ed.). Western Translation Theory: From Herodotus to Nietzsche

［C］. Beijing：Foreign Language Teaching and Research Press，2006.

［25］Shuttleworth，M. and Cowie，M. Dictionary of Translation Studies［M］. Shanghai：Shanghai Foreign Language Education Press，2004.

［26］Snell-Hornby，M. and Jettmarova，Z. Translation as Intercultural Communication［M］. Philadelphia：J. Benjamins，1997.

［27］Varner，I. and Beamero，L. Intercultural Communicatoin in the Global Woikplca［C］. 2014.

［28］Venufi，L. The Translato's Invisibility［M］. London & New York：Routledge，1995.

［29］Vinay，J.-P. and Darbelnet，J. A Methodology for Translation［A］// Trans. by Sager，J. and Hamel，C. In Venuti，L.（ed.）. The Translation Studies Reader（1st ed.）.［C］. New York：Routledge，2000.

［30］Váizquez-Ayora，G. Introducción a la Traductología［M］. Washington：Georgetown University Press，1977.

［31］Zabalbeascoa，P. From Techniques to Types of Solutions［A］// Beeby，A.，Ensinger，D. and Presas，M.（eds.）. Investigating Translation［C］. Amsterdam/Philadelphia：Benjamins，2000.

［32］爱门森. 国际跨文化传播精华文选［M］. 浙江：浙江大学出版社，2007.

［33］常燕荣. 论跨文化传播的三种模式［J］. 湖南大学学报（社会科学版），2003（5）.

［34］陈卞知. 跨文化传播研究［M］. 北京：中国传媒大学出版社，2004.

［35］陈张帆. 中国博物馆文物文本资料翻译现状浅析［J］. 海外英语，2014.

［36］辞海编辑委员会. 辞海（第6版）［M］. 上海：上海辞书出版社，2009.

［37］杜水生. 从博物馆的定义看中国博物馆的发展［J］. 河北大学学报（哲学社会科学版），2006（6）.

［38］龚芬. 翻译引论［M］. 北京：高等教育出版社，2011.

［39］郭建中. 文化与翻译［M］. 北京：中国对外翻译出版公司，1999.

［40］郭尚兴，盛兴庆. 中国文化史［M］. 开封：河南大学出版社，1994.

［41］郭尚兴. 汉英中国哲学辞典［M］. 开封：河南大学出版社，2002.

［42］郭秀娟. 试析当代博物馆的文化传播问题［J］. 南方文物，2006（2）.

［43］胡庚申. 翻译与跨文化交流：转向与拓展［M］. 上海：上海外语教育出版社，2006.

［44］胡六月. 从"漕"的翻译看博物馆的跨文化传播［J］. 海外英语，2017.

［45］胡文仲. 跨文化交际概论［M］. 北京：外语教学与研究出版社，1999.

［46］季清芬. 中西方思维差异在翻译中的影响［J］. 成都教育学院学报，2004（4）.

［47］贾文波. 应用翻译功能论［M］. 北京：中国对外翻译出版公司，2004.

［48］贾玉新. 跨文化交际学［M］. 上海：上海外语教育出版社，1997.

［49］金惠康. 跨文化交际翻译［M］. 北京：中国对外翻译出版公司，2003.

［50］金惠康. 跨文化交际翻译续编［M］. 北京：中国对外翻译出版公司，2004.

［51］金惠康. 跨文化旅游翻译［M］. 北京：中国对外翻译出版公司，2006.

［52］李长栓. 非文学翻译理论与实践［M］. 北京：中国对外翻译出版公司，2008.

［53］李开荣. 试论文物名称英译文化信息的处理［J］. 中国科技翻译，2001（4）.

［54］李克兴. 论广告翻译的策略［J］. 中国翻译，2004（6）.

［55］李莹. 从文化角度看博物馆文物翻译中的归化与异化［D］. 广州：广东外语外贸大学硕士学位论文，2007.

［56］刘洪. 博物馆文化初探［J］. 四川文物，1997（6）.

［57］刘宓庆. 翻译与语言哲学［J］. 外语与外语教学，1998（10）.

［58］刘庆元. 文物翻译的"达"与"信"［J］. 中国科技翻译，2005（2）.

［59］罗胜华. 博物馆文本翻译的特征及策略——以湖北省博物馆为例［J］. 海外英语，2017（18）.

［60］马利清. 匈奴与拓跋鲜卑毁镜习俗之比较研究［J］. 郑州大学学报（哲学社会科学版），2015（6）.

［61］倪若诚（Neather Robert）. 博物馆目录的翻译［J］. 中国翻译，2001（1）.

［62］欧艳. 文物博物馆翻译初探［J］. 贵州教育学院学报，2006（12）.

［63］邵琳. 彼得·纽马克文本类型翻译理论对翻译批评的启示［J］. 科技资讯，2007（10）.

［64］师新民. 考古文物名词英译初探［J］. 中国科技翻译，2007（8）.

［65］孙通海，王颂民. 诸子精粹今译［M］. 北京：人民日报出版社，1993.

［66］汪翠兰. 河南省旅游景点英文翻译的跨文化审视［D］. 郑州：郑州大学硕士学位论文，2006.

［67］王宏钧. 中国博物馆学基础［M］. 上海：上海古籍出版社，2001.

［68］王娟萍. 全球化语境下中国博物馆翻译策略研究——以中国丝绸博物馆为例［J］. 湖北函授大学学报，2012，25（4）.

［69］王莉. 博物馆：文化记忆与传播的重要工具［J］. 中国博物馆，2005（2）.

［70］王力. 中国语法理论［C］//王力文集（第一卷）. 济南：山东教育出版社，1984.

［71］王倩如，丁燕，牛江涛. 博物馆文物翻译策略探究——以内蒙古包头博物馆为例［J］. 海外英语，2018（3）.

［72］魏萌萌，李冰. 浅析博物馆的娱乐功能［J］. 求知导刊，2016（8）.

［73］夏一博. 试论中国博物馆三大功能的创新把握［J］. 黑龙江史志，2013（12）.

［74］熊兵. 翻译研究中的概念混淆——以"翻译策略"、"翻译方法"和"翻译技巧"为例［J］. 中国翻译，2014，35（3）.

［75］许鸥，曹传伟，于灏，等. 浅析纽马克的翻译理论［J］. 中国校外教育，2011（2）.

［76］杨平. 对当前中国翻译研究的思考［J］. 中国翻译，2003（1）.

［77］杨士焯. 彼得·纽马克翻译新观念概述［J］. 中国翻译，1998（1）.

［78］张培基，喻云根，李宗杰，等. 英汉翻译理论［M］. 上海：上海外语教育出版社，1983.

［79］张文彬. 中国博物馆国际化的进程回顾与展望［C］. 中国博物馆，2006年北京国际博物馆馆长论坛论文选登，2006.

［80］中国社会科学院语言研究所词典编辑室. 现代汉语词典（2002年增补本）［M］. 北京：商务印书馆，2002.

［81］朱安博，杨艺. 国家博物馆文物翻译实证研究［J］. 中国科技翻译，2017，30（3）.

［82］朱葵菊. 中国传统哲学［M］. 北京：中国和平出版社，1991.

［83］邹霞. 论博物馆的文化功能与文化品味［J］. 黄冈师范学院学报，2004（4）.

附 录

A Systematic Study on C-E Translation of Cultural Relic Texts in Museums
—Taking Henan Museum as an Example

中国博物馆文本英译系统研究
——以河南博物院为例

Acknowledgements

My sincere gratitude first goes to my supervisor, Professor Guo Shangxing, for his encouragement and guidance in my graduate study. With his deep thought, broad mind and serious attitude, he shows me how to be a qualified teacher and scholar. This is of great significance not only to my study, but also to my work and life in the future. Furthermore, his suggestions and revision have proved extremely inspiring and valuable in the writing of this thesis. Without his help, this thesis would not be what it is today.

My particular thanks go to Miss Qin Feng. In the three years, she takes care of both our study and our life. She is so kind, and always ready to help us. Actually, she is not only our teacher, but our most intimate friend.

I also feel indebted to many other respectable teachers of the Foreign Languages College, Henan University. From their excellent teaching and great personality, I have benefited a lot.

I am particularly grateful to all my friends and classmates who helped me during the past three years, especially Li Xiangling who offered me valuable advice, great help and encouragement.

Finally, with this thesis I extend my gratitude to my family who care and support me all the time, especially my husband who sacrifices his own career to take care of our son alone in the three years. Without them, I cannot make it.

Abstract

Museum, as a treasure house of historical culture, has been undertaking the responsibility of remembering history and communicating culture since its foundation 1682. With the collection, preservation and study of cultural relics, museum plays an important role in bridging history and culture and offers a solid material foundation for the scientific study of history and historical culture. Both developed and developing countries throughout the world consider museum as an indispensable platform for the exhibition and appreciation of cultural and art treasures handed down through a long period of human history. Since Chinese culture is long in history, various in form and rich in content, Chinese museum is even more important.

With the globalization of the world and the success of 2008 Olympic Games in Beijing, "Chinese elements" greatly attract people from all over the world. Under such circumstances, the translation of cultural relic texts plays an increasingly important role in introducing and publicizing Chinese culture to foreign visitors and to the outside world. In order to spread "Chinese elements" throughout the world, many museums provide equivalent English texts. Some books concerning cultural relics have also been published. Among them, *China Museums: Treasure Houses of History* published in 2002 and Museums in Beijing published in January 2008 by Foreign language together with China's Museums published by China Intercontinental Press in 2004 are the most well-known. All the materials have played an essential role in introducing Chinese traditional and national culture and carrying forward the brilliance of the cultural heritage to people throughout the world.

But due to a lack of theoretical direction, there are still many problems and mistakes in the translation of cultural relic texts in museums, and the study on the translation of cultural relic texts has not yet got enough attention up to now. In 1991, the first article by Mu Shanpei appeared on *Shanghai Science and Technology Translators Journal* discussing the problem of faithfulness and smoothness of C-E translation of cultural relics. Ten years later, in 2001, the second paper dealing with the cultural information in the names of cultural relics appeared on *Chinese Science and Technology Translators Journal*. In the following several years, several articles were published, yet the topics were restricted to the "expressiveness" and "faithfulness" of the translation of names of cultural relics. In 2006, a postgraduate in Guangdong University of Foreign Studies wrote her thesis titled *Cultural Study of Domestication and Foreignization in Translation of Relic Texts in Museums* and offered a more detailed discussion. But she was only exploring the translation methods of foreignization and domestication from the cultural perspective, and gave no particular explanation to the translation of cultural relic texts in Chinese museums. In fact, up to now, no one has ever done any systematic study on the translation of cultural relic texts in museums from the perspective of intercultural communication.

This paper, which uses the theory of intercultural communication, cultural convergence theory in particular, as its theoretical basis, will meet the needs of the time to conduct a systematic study of the translation of cultural relic texts in museums by way of case study, contrast and comparison, as well as induction. The author intends to build simple model of the translating process of cultural relic texts in museums with reference to the modes of intercultural encounter and communication and the convergence model of communication. Moreover, on the basis of the analysis of the English texts, the nature and methods of the translation of cultural relic texts in museums will be investigated, and a number of principles and criteria will be presented. Most importantly, the process of the translation of cultural relic texts in museums will be clarified. If all the goals are reached, this paper will be of some importance to improve the quality of the translation of cultural relic texts in museums, to promote effective intercultural communication, and to propose a new perspective to the study of translation.

This paper consists of six chapters altogether: a general introduction, four main-body parts and a conclusion.

Chapter One is the introduction of the paper. In this chapter, the author briefly introduces the rationale, the significance and the goal of the study on translation of cultural relic texts in museums. The study method and the organization of the paper will also be mentioned in this part.

Chapter Two starts with the history and the current situation of the study on the translation of cultural relic texts in museums. From the literature review, it is quite obvious that the study on this subject is still inadequate. So, for the convenience of further discussion, the author starts the study with the clarification of several important concepts related (culture, communication and intercultural communication) and a brief introduction of cultural relics and cultural relic texts in museums. The author has a strong belief that only with a thorough understanding of the cultural relic texts, translators can render them better.

Chapter Three summarizes the cultural convergence theory and the modes of cultural encounter and communication, the convergence model of communication in particular. "Convergence" implies that two or more things are moving towards one point, towards one another, or towards uniformity. During the process of communication, information is shared by two or more participants who converge over time towards a greater degree of mutual understanding. This will be manifested in the convergence model of communication. As for the modes of intercultural encounter and communication, dialogical mode is preferred among the four modes considering the relationship of different cultures nowadays.

Chapter Four applies the cultural convergence theory to the translation of cultural relic texts in museums. A model of translating process is set up to explain the process of the translation of this particular field. With the reference to the model and the analysis of the English texts in Henan Museum, the merits and demerits of the translation are made clear. On this basis, the methods of the translation of cultural relic texts are induced.

Chapter Five offers a general investigation of the process, the nature, the principles and criteria of the translation of cultural relic texts on the basis of the above discussion.

Chapter Six concludes the main standpoints of the paper. The translation of cultural relic texts in museums is a part of culture and should be rendered from the perspective of intercultural communication. In order to reach a mutual understanding between China and foreign countries and gain a worldwide acceptance, the translation of cultural relic texts in museums should be rendered in the light of cultural convergence theory.

Key words: intercultural communication; cultural convergence; cultural relic texts; translation model

中文摘要

博物馆，是宁谧而神圣的殿堂，是人类历史文化的宝库，自 1682 年诞生以来就一直承担着传承文化、记忆历史的重任。它收藏文物，并对其加以保护和研究，进而发挥其沟通历史文化的桥梁作用，为科学地研究历史和历史文化提供了可靠的物质基础。从世界范围来看，无论是发达国家，还是发展中国家，都把博物馆看成民族文化对内继承对外传播不可或缺的工具和平台而中国博物馆，更因中国文化历史悠久、形式多样、内容丰富而尤为重要。

随着全球化的进一步发展，再加上 2008 年北京奥运会举世震惊的"后奥运效应"，"中国元素"对世界各国都产生了极大的吸引力。在这种背景下，为了更好地向世界介绍中国的传统文化，让世界更好地了解中国，中国博物馆文本英译似乎成了必不可少的历史需求，在跨文化传播中发挥着越来越重要的作用。为满足这一需求，国内很多博物馆都对展品使用英汉两种文本进行解释和介绍，一些英文版的博物馆相关书籍也得以出版发行。其中外文出版社于 2002 年出版的《中国博物馆巡览》（英文版）和 2008 年出版的《京城博物馆》（英文版），以及五洲传播出版社于 2004 年出版的《中国博物馆》（英文版），都对中国博物馆文本英译和中国传统文化在世界范围内的传播做出了重要的贡献。

然而，由于缺乏理论指导和相关部门的足够重视，中国博物馆文本英译依然问题重重，错误百出。相关研究更是屈指可数。1991 年穆善培在《上海科技翻译》上首次发表相关论文探讨文物翻译的"信"和"顺"的问题。

十年之后，《中国科技翻译》在 2001 年第 14 卷第 4 期上刊登了《试论文物名称英译文化信息的处理》，对文物名称中蕴含的文化信息加以研究。随后几年间也偶尔有一两篇论文见诸期刊，但也仅仅涉及文物名词和文物翻译的"达"与"信"的问题。2006 年广东外语外贸大学的一名硕士研究生在学位论文中第一次相对深入地对文物翻译进行研究，但她也只是从文化角度探索文物翻译的归化与异化译法，并没有针对中国博物馆文本进行特殊的说明。实事求是地说，中国博物馆文本英译系统研究至今为止仍是一片空白，这与其重要的地位是极为不相称的。

本文意欲从跨文化传播的角度，以文化的辐合会聚理论为理论基础，运用实证研究、对比分析和归纳总结的研究方法，以河南博物院为例，对博物馆文本英译进行系统的研究，探索其翻译的意义、目的、方法、性质、原则和标准；并以文化传播模式和文化的辐合会聚模式为原型，构建博物馆文本英译的翻译模式。

一方面，本文抛砖引玉，意在引起权威学者的关注，对中国博物馆文本英译进行更为深入和完善的研究；另一方面，本文也具有一定的理论和实践价值。理论上，它将为翻译研究增加新的维度，拓宽研究思路，为翻译学科建设增砖添瓦；实践中，它将为提高中国博物馆文本英译的质量，促进有效的跨文化交流与传播贡献绵薄之力：

第一，在进行系统研究的基础之上，本文将尝试构建一个能够普遍应用于中国博物馆文本英译的翻译模式，在丰富翻译研究的同时，也能够帮助规范中国博物馆文本英译。

第二，本文将对河南博物院的英文文本进行详尽的分析和研究，指出存在的问题与不足，并对其加以完善，然后将其反馈给河南博物院，这必将为其提供更好的英文文本一定的帮助。自 2009 年 2 月 3 日，河南博物院已经开始闭馆整修，旨在提高其整体水平。在其关闭之前，本文作者已经采集了河南博物院的典型英文文本，论文完成之后，就能将成果提供给河南博物院供其参考利用。

本文共分六章，由绪论、四章正文及结语组成。

第一章绪论部分简要介绍了博物馆文本翻译研究的动机、意义及目标。并简要说明了研究方法及论文的结构。

第二章首先介绍了该课题研究的历史与现状。根据现有文献资料，可以清楚地看出博物馆文本翻译方面的研究尚非常缺乏。因此，为了便于深入探讨，本文首先对几个重要的概念（文化、交流和跨文化传播）加以说明，并对博物馆文物和博物馆文本进行了较为系统的研究。笔者认为，只有透彻理解了博物馆文本，才能够更好地翻译它们。

第三章首先总结了文化辐合会聚理论的精髓及跨文化接触和跨文化传播

的模式，并对文化传播的辐合会聚模式详加说明。"辐合会聚"意味着两个及两个以上的事物朝着一个共同点、朝着对方或者朝着统一靠拢。在交流的过程中，交际双方共享信息，并逐渐达到更大程度的互相理解。这一点可以在传播的辐合会聚模式中得到展示。至于跨文化接触和跨文化传播的模式，考虑到文化交际双方的关系，目前，对话模式是四种模式里面最为理想、最受青睐的一种。

第四章将文化的辐合会聚理论应用于博物馆文本翻译，并尝试构建了一个翻译模式来解读这一特殊领域的翻译过程。参照这一翻译模式，结合对河南博物院英文文本的分析，中国博物馆文本英译的优缺点都得到了详细的介绍。在此基础之上，本文又归纳了博物馆文本英译的方法。

第五章，在以上几章的基础上，对博物馆文本翻译的性质、过程、原则和标准进行了初步的探索。

第六章总结了论文的主要观点。博物馆文本翻译是文化的重要组成部分，应该从跨文化传播的角度加以研究。为了达到中国和其他国家的互相理解，为中国赢得全世界的认可，博物馆文本翻译应该参照文化辐合会聚理论进行。

关键词：跨文化交际；文化融合；博物馆文本；翻译模式

Contents

Chapter One   Introduction

Among all the nations in the world, China is famous for her long history and splendid culture. Many foreigners show boundless enthusiasm for Chinese culture. Yet, long in history, varied in form and rich in content. Chinese culture is not always easily understood by common people from different cultures. Under the circumstances, we Chinese have to devote much more time and energy to the translation of our own culture and improve the intercultural communication between China and foreign countries.

Carrying the task of intercultural communication, translation of cultural relic texts in museums is an important part of culture. It will definitely introduce our traditional culture to foreign countries and gain worldwide understanding and acceptance for Chinese people.

Yet, how should we translate the cultural relic texts and make us understood by people from different cultures? How should we improve the cultural communication between China and foreign countries through translation? Up to now, we have not yet got any satisfactory answers.

1. 1 The rationale of the study on translation of cultural relic texts

This paper is devoted to the study on translation of cultural relic texts in museums not only in order to answer the above question, but also for the following reasons:

First, the study on translation of cultural relic texts in museums is still quite inadequate. Despite its significance, translation of cultural relic texts has gained little attention so far within the field of translation studies. In the past years, there were only several short papers on this subject.

Secondly, the translation of cultural relic texts in Chinese museums is badly in need of improvement. So many mistakes exist for various reasons and impede the effective intercultural communication between China and foreign countries.

In one word, the study on translation of cultural relic texts meets the needs of the era. It is of great value for us to view the translation in this particular field from a new perspective.

1. 2 The significance of the study on translation of cultural relic texts

On the systematic study of the purpose, nature, process, methods, principles and criteria of the translation of cultural relic texts in museums from the perspective of intercultural communication, this paper will have certain significance.

First of all, on the basis of the systematic study, this paper will try to find a translation model of cultural relic texts in museums throughout China. On the one hand, it will enrich the study of translation. On the other hand, it will help to improve the quality of the translation of cultural relic texts in museums.

Secondly, this paper will make an analysis of the English texts in Henan Museum and point out the existing problems of translation. As far as the author knows, the translation of cultural relic texts in Henan Museum was done by a translation company in Beijing. The author has found some obvious mistakes and serious problems in the English texts. Finishing this paper, the author will report all the mistakes and problems to Henan Museum and help them to provide better translations to the public.

Thirdly, an intercultural study of the translation of cultural relic texts is still quite novel. This paper will certainly provide a new perspective of study and encourage more people to pay close attention to it.

1. 3 The goal of the study on translation of cultural relic texts

This paper aims at a systematic study on translation of cultural relic texts in museums from the perspective of intercultural communication, the cultural convergence in particular. It is designed to achieve the following goals.

First, on the basis of the modes of the intercultural encounter and communication, especially the convergence model of intercultural communication, this paper tries to construct a translation model of cultural relic texts.

Secondly, it will analyze the English texts in Henan Museum in detail, to find the merits and demerits of the translation.

Thirdly, it will clarify the purpose, methods, nature, process, principles and criteria of the translation of cultural relic texts in the light of cultural convergence theory.

1. 4 Research method and structure of the paper

Here in this paper, the author is trying to have systematic study on the translation of cultural relic texts in museums by way of case study, contrast and comparison, as well as induction.

For the convenience of further discussion the paper starts with the clarification of several very important concepts: culture communication and intercultural communication. Then, it goes to the discussion of the source text of the translation—cultural relic texts in museums. Compared with literature and some other texts, cultural relic texts are pretty special. In order to translate them in a better way, translators must have a comprehensive study on them, such as their characteristics, cultural functions, and so on.

The intensive study of the translation of cultural relic texts in museums follows. From the perspective of cultural convergence on the basis of the model of intercultural encounter and communication, this paper will try to find a translation model of the translation of cultural relic texts in museums.

On the above basis, the author tries to have an investigation into the process, methods, nature, principles and criteria of the translation of cultural relic texts in museums.

Chapter Two   Literature Review and
Some Important Concepts

2. 1 Literature review

This part focuses on the review of relevant studies, generally the intercultural turn of translation and particularly the study of the translation of cultural relic texts in museums in China carried out by previous researchers, through which a general conception of the present research is inspired. With careful review of those studies, the author will discover the deficiencies therein, thus justify the feasibility of the present research.

2. 1. 1 The intercultural turn of translation

If, as Ted Hughes argued, the 1960s was a period that experienced boom in literary translation, the 1990s might be characterized as a period that experienced a boom in translation theory (Gentzler, 2004: 187). From North American translation workshop, translation science, early translation studies, poly-system theory, all the way to deconstruction, a variety of academic and socio-political events occurring internationally have made conditions ripe for a "translation turn" in several fields simultaneously, including linguistics, anthropology, psychology, women's studies, cultural studies, and postcolonial studies (ibid: 187), as well as in intercultural communication.

On September 28 – 30, 1995, the first International Congress of the European Society for Translation Studies (EST) was held after its foundation in 1992. The basic theme of the Congress was Translation/Interpreting as Intercultural Communication. From then on, more and more scholars are attracted by and devoted to the study of the intercultural and communicative aspect of translation.

2. 1. 2 The study of translation of cultural relic texts in museums

Museums, a platform for the exhibition and appreciation of cultural and art treasures handed down through a long period of human history, are important tools to remember history and communicate culture. In 1682, the first museum in the world was born in Britain. Later on, as symbol of modern culture and civilization, museums were fully developed and became an independent industry. Today, museums, being an important model to transmit culture, their importance has been widely recognized. All articles kept in museums are the essence of the national culture which distinguishes one nation from another. With the globalization of the world, human beings are seeking for the common culture in the world and every nation is trying to introduce its own culture to other countries in order to realize successful international communication. So does China.

Under such circumstances, C-E translation of cultural relic texts becomes more and more important. It plays an essential role in the expression and transmission of cultural information, and it is of high necessity to produce authentic as well as impressive translation of cultural relic texts which can give resonance to foreign visitors in order to enhance the appreciation of the culture and promote intercultural communication. Bearing this in mind, most museums have begun to provide English version of cultural relic texts. Some museums also offer printed materials with English translation. Among them, *China Museums: Treasure Houses of History* published in 2002 and Museums in Beijing published in January, 2008 by Foreign Languages Press together with China's Museums published by China Intercontinental Press in 2004 are the most well-known. All the materials have played an important role in introducing Chinese traditional and national culture and carrying forward the brilliance of the cultural heritage to the people throughout the world.

Yet, problems still exist, and the study on the translation of cultural relic texts has not got enough attention up to now.

In 1991, Mu Shanpei published the first article on *Shanghai Science and Technology Translators Journal* discussing the problem of faithfulness and smoothness of C-E translation of cultural relics. Ten years later, in 2001, the second paper dealing with the cultural information in the names of cultural relics appeared on *Chinese Science and Technology Translators Journal*. In the following several years, some other scholars, including Robert Neather, did some research on this topic. In 2004, in his book titled *Translation in Intercultural Communication*, Jin Huikang listed the translation of names of a number of historical and cultural sites in Guangdong including historical and cultural relics in Guangzhou, ascribing them to the category of Translation of Culture and Tourism. In 2006, a postgraduate in Guangdong University of Foreign Studies wrote her thesis entitled *Cultural Study of Domestication and Foreignization in Translation of Relic Texts in Museums* and offered a more detailed discussion. Yet, no one has ever done any systematic research on the translation of cultural relic texts in museums from the perspective of intercultural communication. Here, the author just wants to try her hand on it, hoping that this paper will arouse interest of some scholars in this field to give a more authoritative and systematic study in order to offer perfect translation of cultural relic texts and help foreigners understand our history and culture better.

2. 2 Some important concepts related

2. 2. 1 Culture

The term "culture" has a complex history and its meaning has changed greatly over time. In its earliest English uses, culture was a noun of process, referring to the tending of crops or animals. This meaning (roughly "cultivating") is found in words such as agriculture and horticulture. In the sixteenth century culture began to be used about " cultivating " the human body through training, and later about cultivating the non-physical aspects of a person. In the nineteenth century the meaning was broadened to include the general state of human intellectual, spiritual and aesthetic development (roughly comparable to " civilization"), giving rise to the "artistic works and practices" meaning that is associated with music, literature, painting, theatre and film(Bowe & Martin, 2007: 2). In the late nineteenth century, the "anthropological" usage of culture was introduced into English by the prestigious anthropologist Tyler who defined culture as " that complex whole which includes knowledge, belief, art, law, morals, customs and any other capabilities and habits acquired by man as a member of society"(ibid: 2).

Nowadays, different definitions are bestowed on the term of culture for different purposes. Larry A. Samovar believes that culture is " ubiquitous multi－dimensional. complex and all－pervasive" (Samovar, 2000: 36). Hoebel and Frost, who see culture in nearly all human activity, define culture as an " integrated system of learned behavior patterns which are characteristic of the members of a society and which are not the result of biological inheritance" (ibid: 36). Bates and Plog propose that "culture is a system of shared beliefs, values, customs, behaviors, and artifacts that the members of a society use to cope with their world and with one another, and that are transmitted from generation to generation through learning" (ibid: 36). Yet, the one put forward by Tyler still remains the most authoritative definition.

For the purpose of this study, the author is concerned with the definition that is linked with cultural relic texts. The Social Science Encyclopedia explains culture as "the way of life of a people. It consists of conventional patterns of thought and behaviors including values, beliefs, rules or conduct political organization, economic activity and the like, which are passed on from one generation to the next by learning and not by biological inheritance" (Kuper, 1985:178). In this conception, culture is treated as the whole of mental and physical products (Wang Cuilan, 2006:9). In a narrow sense, culture is nation's unique style and tradition established in the development of its history. As the author uses it in this paper, the term culture refers to "the customs and expectations of particular group of people" (Bowe, 2007:2). Usually, all those who share common culture can be expected to behave correctly, automatically, and predictably.

2. 2. 2 Communication

Individual as well as cultural differences keep people apart. We are all isolated from one another by the enclosure of our skin, so what we know and feel remains inside of us. It is impossible to share our feelings and experiences by means of direct mind-to-mind contact. The only way to understand each other is to communicate. Communication—our ability to share our ideas and feelings—is the basis of all human contact (Samovar, 2000:22).

Communication in its most general sense refers to a process in which information is shared by two or more persons and which has consequences for one or more of the persons involved (Kincaid, 1987:2). Focusing on the physical nature of information, Kincaid defines communication as "a difference in matter-energy which affects uncertainty". Focusing on the act of transfer and the nature of success, especially for whom the transfer is successful: source, receiver or both, Cushman and Whiting define communication as "the successful transfer of symbolic information". Communication actions will have certain ethical consequences and the most important consequences are between the persons involved, in terms of their mutual understanding, mutual agreement and collective action (ibid:2).

Successful communication can be interpreted from three different perspectives: First, from the internal information processing capability of an individual, successful communication can be claimed to have taken place when an individual can subjectively make sense out of his perceptions of experiences and incoming messages (Kincaid, 1987:2). Communication is a matter of personal understanding.

Secondly, from agreements between individuals successful communication can be said to have occurred when two or more individuals interactively arrive at a common set of interpretations for patterns of information (ibid:2). Communication is a matter of mutual understanding and agreement.

Thirdly, from institutional authority or imposed standards or conventions for interpretation, successful communication can be said to have occurred when some institution of authority provides a criterion for the correct interpretation of patterns of information(ibid:3). Communication is a matter of institutional understanding.

2. 2. 3 Intercultural communication

Culture and communication cannot be separated. Culture is learned, acted out, transmitted, and preserved through communication(Samovar, 2000:22) while communication is greatly influenced by culture. And the transmission of culture between different communities and nations is called intercultural communication According to Samovar, intercultural communication is communication between people whose cultural perceptions and symbol systems are distinct enough to alter the communication event(ibid:48). Psychologically the activity of the encoding and decoding of information by people from different cultural background is intercultural communication.

One important intercultural communication issue in professional and workplace contexts is the practice of translating and interpreting(Bowe & Martin, 2007:7). Translators are faced with a particular challenge to balance pragmatic equivalence and impartiality. Pragmatic equivalence is sensitive to the cultural and linguistic norms of the respective language(ibid:7).

Different cultural expectations set people from different cultures apart, but the "common ground" constructed through cultural convergence helps them to reach mutual understanding, and then realize successful intercultural communication.

Within the field of intercultural communication cognitive and cultural schema is also a very important branch to which we should pay special attention. Just as "cultural knowledge is represented in his or her cognitive schema", the "cultural group is represented by cultural schema" (Bowe & Martin, 2007:41). Sharifian (2004) argues that cultural schemas are conceptual structures that develop at the cultural level of cognition, rather than the psychological level. These schemas are knowledge templates that are represented in a distributed fashion across the minds in a cultural group. Cultural schemas are abstracted from social interactions between the members of a cultural group, who negotiate and renegotiate these schemas across generations. Such schemas can motivate thought and behavior that is considered to be appropriate to a particular cultural group, and suggests that unfamiliarity with such schemas may lead to discomfort or misunderstanding during the process of intercultural communication(Bowe & Martin, 2007:42).

2.3 Cultural Relic Texts in Museums

2.3.1 Functions of museums

2.3.1.1 A brief introduction of museums

According to the New Oxford Dictionary museum is a place in which objects of historic, scientific, artistic, or cultural interest are stored and exhibited. Yet, in this paper, "museum" does not refer to a place or a building, but to a part of culture. Museums are treasure houses of history and important tools to remember history and communicate culture. Accepted as a place for the sake of scientific and cultural education. various kinds of museums provide a platform to share and appreciate both the spiritual and material products of human civilization in the course of historical development.

In 1682, the first museum in the world was born in Britain. Later on, as a symbol of modern culture and civilization, museums were fully developed and became an independent industry. Today, the importance of museums has been widely recognized as an important model to transmit culture in order to carry forward the excellent native culture, many museums of various kinds have been set up in China. Loading in Museum of China Online, we find more than 200 museums in China are listed. Nowadays, most of them are open to the public for free. They are playing a more and more important part in cultural transmission and intercultural communication.

2.3.1.2 Cultural relics in museums

Cultural relics are objects surviving from an earlier time, especially those of historical or sentimental interest. As a memory of history, cultural relics are not only treasures of a nation, but also the legacy of the world. Chosen by history, examined by time, all cultural relics are typical representatives of human culture and civilization which contain historic, scientific and artistic value. They have witnessed the development of nature and human society and show traces of the development of human civilization. Inscribed with stories of frustrations as well as glory that the nation has gone through, the exhibitions of cultural relics offer people an opportunity to understand and cherish the treasure of the nation as well as the entire human society.

2.3.1.2.1 Cultural information of cultural relics

Cultural relics contain overt information (appearance, color and quality, etc.) and covert information (technology of production, artistic style, etc.). During the process of production, our ancestors were converting human wisdom into cultural relics. So, cultural relics represent the spiritual values such as the social ideology, technological level, development in science and aesthetic standards. With the selection of history, cultural relics are collected and kept in museums. Experts in museums study them intensively and find their cultural connotations. Through exhibitions, visitors appreciate cultural relics and understand the national culture. During this process, the cultural information is converted from cultural relics to human wisdom.

Cultural information of cultural relics can be divided into three categories: surface-level cultural information, middle-level cultural information and deep cultural information. They are clearly shown in the names of cultural relics.

2. 3. 1. 2. 1. 1 Surface-level cultural information

Surface - level cultural information is the knowledge of the superficial phenomena of cultural relics. It is the basic part of names of cultural relics. Taking vessels as an example, according to the material, they can be divided into stoneware, ceramics (including pottery and porcelain), bronze, jade, gold, and so on; according to the function, they can be divided into wine-vessel, musical instrument, sacrificial article, weaponry, ornament, etc; according to the category, they can be divided into bottle, jar, pot, cup and so on. All the above cultural information indicates the conceptual meaning of cultural relics. They are surface-level cultural information which tells "what it is".

2. 3. 1. 2. 1. 2 Middle-level cultural information

The middle-level cultural information derives from the motivation of names of cultural relics. It tells in detail "what it is like" and describes basic concepts from the perspective of culture. The middle-level cultural information involves the aesthetic sense of human beings and the cultural and artistic value of cultural relics. It is manifested as cultural characters such as the artistic style, design, inscription, quality, and so on. The more elegant and refined cultural relics are, the richer the middle-level cultural information is, the more complicated the name is.

2. 3. 1. 2. 1. 3 Deep cultural information

The deep cultural information is also called the implied cultural information. It refers to the implication of cultural relics beyond words, that is, the spiritual association coming from the tradition, religion, customs, and so on. It tells "what it means". For example, Loong (龙) in Chinese culture indicates the honor of the emperor. The author chooses "Loong" here because, in her opinion "dragon" cannot be used to convey the cultural information of our "Loong". Mandarin duck and lotus tell happy marriage.

2. 3. 1. 2. 2 Values of cultural relics

Cultural relics are objects of great values such as historical value, artistic value, and scientific value. All of them are very important to the development of human culture.

First, historical value is decided by the historic significance of cultural relics. As we all know, cultural relics are formed in history. They are the material bearers of the political, economic and cultural activities of various nations in various periods of history. Cultural relics show us the history culture and emotion of a certain time vividly which can never be done by written materials. They are not only a mirror which helps us to know ourselves better, but also important foundation to study human history. In one word, without cultural relics human has no past, no history and no archaeology in a way.

Secondly, many of cultural relics are not only pieces of objects to remember history, but also beautiful artworks. After their restoration by experts, visitors can enjoy the beauty of the relics beyond words. And during the process, we appreciate the beautiful mind of our ancestor.

Thirdly, we tend to learn from our experience. Cultural relics are the fruits of human wisdom. They show us the scientific product in history of our ancestors. We study them intensively in order to learn from them and to develop our natural and social sciences.

All in all, cultural relics are not old things, but invaluable heritage of history.

2. 3. 1. 2. 3 Cultural functions of museums

As a center for cultural relics collection, preservation, research and exhibition, museums are the memory and symbol of the history of human civilization with the following cultural functions:

First, museums are bridges and important tools to "remember" history and spread historical culture. With various historic cultural relics and collections, museums provide a solid material foundation for the scientific study of history and historical culture. In a way, museums help us to find our cultural tradition. We know who we were in the what we should do in order to keep our identity.

Secondly, museums are bridges between nations, between China and other countries. Misunderstanding is the real reason of national disputes. Now we invite our foreign friends to have a look at our yesterdays. This will definitely help them to have a better and more objective understanding of us. It will be of great help for us to stay harmoniously together.

All in all, museums are platforms to display the national culture. The cultural relics collected in museums are articles which distinguish one nation from another. Vertically, through article exhibition and related instruction, museums pass down national culture from one generation to another. Horizontally through the display of national cultural and intercultural communication, museums help different nations understand each other by understanding each other's yesterday, and enrich the national culture by learning from each other.

2. 3. 2 Cultural relic texts

Cultural relic texts include the introduction and description of specific museum or of the cultural relics displayed in the museum, especially the names of cultural relics and the printed material concerning cultural relies and museums. They provide much more information and help visitors to better understand the cultural and historical connotations of cultural relics. Nowadays more and more foreign visitors are interested in Chinese culture and come to the museums to get more about it. In order to help them to have a better understanding, it is quite necessary to translate cultural relic texts in museums into English. Actually, most museums have done it. But due to a lack of theoretical direction and many other factors, the quality of the translation still remains to be improved.

Secondly, museums are bridges between nations, between China and other countries. Misunderstanding is the real reason of national disputes. Now we invite our foreign friends to have a look at our yesterdays. This will definitely help them to have a better and more objective understanding of us. It will be of great help for us to stay harmoniously together.

All in all, museums are platforms to display the national culture. The cultural relics collected in museums are articles which distinguish one nation from another. Vertically, through article exhibition and related instruction, museums pass down national culture from one generation to another. Horizontally through the display of national cultural and intercultural communication, museums help different nations understand each other by understanding each other's yesterday, and enrich the national culture by learning from each other.

Chapter Three　　Theoretical Framework

This chapter will establish a theoretical foundation for the sample analysis carried out later. In this section, the convergence theory proposed by D. Lawrence Kincaid, which is applied as the theoretical basis in the specific study, will be explicitly discussed. Moreover, the modes of intercultural encounter and communication will also be presented for the construction of the translation model of cultural relic texts in museums in China.

3. 1 Cultural convergence theory

3. 1. 1 The principle of convergence

The principle of convergence is a fundamental principle of human communication. "Convergence" implies that at least two or more things are moving towards one point, towards one another, towards common interest, or towards uniformity(Kincaid, 1988:282).

The principle of convergence states that if two or more individuals share information with one another, then over time they tend to converge towards one another, leading to a state of greater uniformity. "Towards one another" and "greater uniformity" do not mean perfect identity or absolute uniformity. They describe only the direction of movement and a level of greater uniformity relative to a previous state in the process(Kincaid,1988:282).

3. 1. 2 The convergence model of communication

The convergence model of communication was derived from the basic concepts of information theory, cybernetics, and general systems theory (Kincaid, 1987:209). It was created in order to overcome many of the biases that have become evident in the traditional linear, transmission models of communication and was developed to describe the stages or steps involved when individuals experience the same information, in other words, when they communicate with one another about the same topic(Kincaid, 1988:283). A modified version of this model is presented in the following figure.

One of the unique features of this model is that it reveals the relationship among the three levels of reality involved in the process of communication (Kincaid, 1988: 289): psychological reality, physical reality and social reality. The psychological aspects of communication consist of the sub-processes of perceiving, recognizing, understanding, and believing. Information and action form a unity as physical reality because action is informative to the extent that it is a physical differ-

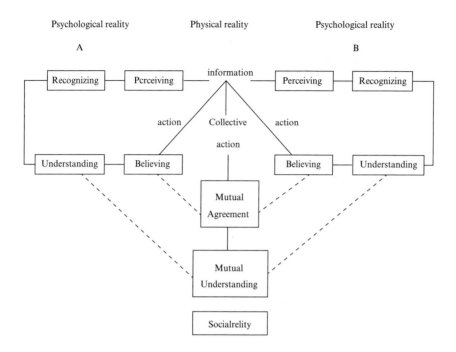

Fig. 1 Basic components of the convergence model of communication
(Adapted from Kincaid , 1979 ; Rogers & Kincaid , 1987)

ence or pattern that has the potential of being perceived , recognized , interpreted , and acted upon. And the social reality is the result of communication.

Perceiving is the process of becoming aware of a physical difference (information) through one 's senses. Recognizing is the process of identifying a previously known form or pattern (information) that has been perceived. Interpreting is the process of understanding the meaning of a form or pattern (information) that has been recognized. Believing is the process of accepting a particular interpretation as valid (Kincaid , 1988 : 284).

If A and B share the same information , they perceive , recognize , understand and believe it in the same way. Thus , they understand each other and agree with each other. In other words , they reach mutual understanding and mutual agreement.

According to the convergence model , communication is a cybernetic process in which two or more individuals share information with one another , reducing each one's own uncertainty not only about what the other person means but also about what one means oneself (Kincaid , 1988 : 286).

Of course , in the intercultural communication , the convergence model of communication is just an orientation. It is impossible for people from different cultures to share the same understandings to the same degree which we refer to as a uniform culture. If not everyone shares the same understandings or shares them to different degree, we refer to it as a diverse culture. All cultures are somewhere between perfect uniformity and diversity.

3. 1. 3 Cultural convergence theory

Cultural convergence theory is based upon Kincaid's convergence model of communication (Gudykunst, 2005: 69). Kincaid defined communication "as a process in which information is created and shared by two or more individuals who converge over time towards a greater degree of mutual understanding, agreement, and collective action" (Kincaid, 1987: 210). Communication is just a dynamic process of convergence. Yet, Kincaid argues that mutual understanding can be approached, but never perfectly achieved. "By means of several interactions of information-exchange, two or more individuals may converge towards a more mutual understanding of each other's meaning." (Gudykunst, 2005: 69)

Barnett and Kincaid use the convergence model of communication to develop a mathematical theory of the effects of communication on cultural differences which we use here to explain the translation of cultural relic texts in museums and seek for a model to translate this kind of texts in order to reach mutual understanding between China and foreign countries concerning the unique culture of each other.

Cultural convergence does not mean that different cultures will become one in the end. It is only an orientation which envisions flow of information through networks of communication.

In order to protect local (ethnic) cultures, Barch suggested that boundaries or a set of prescriptions must be established to control communication between them in order to insulate parts of their respective cultures from confrontation, modification, and eventual convergence. Lewi-Strauss specified three ways to prevent convergence: ①have each one deliberately introduce differences within its own group; ②bring in new parties from outside whose diversities are different; and ③allow antagonistic political and social systems to block or reduce communication across cultural boundaries(Kincaid, 1988: 289).

The suggestions to protect cultural diversity imply that once the boundaries restricting communication between members of distinct cultures are relaxed or removed, then cultural convergence is inevitable(Kincaid, 1988: 289).

3. 2 Modes of intercultural encounter and communication

In the intercultural encounter and communication, there have been various modes. Among them, the dialogical mode is best understood in contrast to three other predominant modes of encounter and communication the ethnocentric, control, and dialectical modes.

3. 2. 1 Ethnocentric mode

The ethnocentric mode depicted in Fig. 2 implies that A perceives B only in A's own frame of reference and B is a mere shadow of A. The cultural integrity of B's culture, its uniqueness, and differences are simply ignored. Communication is one sided, and feedback is rendered ineffective by well-known psychological processes of selective attention, selective perception, and selective retention (Kincaid, 1987: 320).

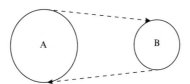

Fig. 2　Ethnocentric mode

3. 2. 2 Control mode

The control mode shown in Fig. 3 implies that B is under A's scrutiny. B is perceived and manipulated as thing or an object for A's purpose. B's cultural uniqueness and differences are recognized, but they are manipulated in order to achieve A's objectives. This is form of manipulative communication (Kincaid, 1987: 320).

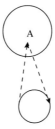

Fig. 3　Control mode

3. 2. 3 Dialectical mode

The dialectical mode of communication shown in Fig. 4 has three potential outcomes. It is possible that as A's thesis meets B's antithesis a new synthesis will be created which is unique and transcends the differences of both A and B which are lost in C. The prime motive of A and/or B is fusion. In the oneness of C the differences between the two disappear, the tension created by those differences is reduced, and a peaceful equilibrium remains. This state is akin to mystical unity, an ideal form of dialectical unity which needs to be differentiated from the two other potential outcomes which are pseudo−dialectical. In the first pseudo−dialectical outcome, A. fuses into B and loses its own identity to become part of B. This type of unity may occur as a result of A's blind or selfless devotion or loyalty to B. In the second pseudo−dialectical outcome, A coerces B to become a part of A. All three outcomes are the result of fusion−oriented communication(Kincaid, 1987:320).

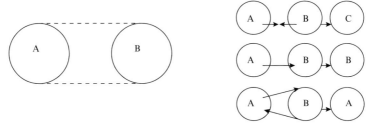

Fig. 4   Dialectical mode

3. 2. 4 Dialogical mode

The dialogical mode of encounter and communication is depicted in Fig. 5. A does not appear in its wholeness in isolation but rather in relationship to B. While A and B are separate and independent, they are simultaneously interdependent. The cultural integrity of A and B and the differences and similarities of A and B are recognized and respected. The emphasis is on wholeness, mutuality and the dynamic meeting of A and B. Even in their union, A and B each maintains a separate identity (Kincaid, 1987:320).

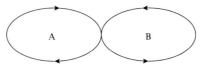

Fig. 5   Dialogical mode

In order to understand the concept of the dialogical modes of intercultural encounter and communication, dialogical thought must be clarified first with reference to Buber's dialogical thought which is divided into three stages in the development by Friedman, the foremost authority on the study of Buber in America. The three stages are: ①the mystical stage in which Buber sought for a solution to the problem of unity in mysticism; ②the existential stage when he was mainly concerned with the concrete and irreplaceable individual beings; and ③the dialogical stage when he was more concerned with the face-to-face meeting of unique individuals (Kincaid, 1987:322). Buber struggled with the problem of unity and diversity all his life. And his struggle may shed new light on the subject of intercultural communication in our emerging pluralistic world in which we ourselves are trying hard to integrate the spirit of universalism (unity) with the spirit of cultural particularism (diversity).

Buber's view of integration of opposites is not the kind of unity in which only one side of the pole or the world is absolutized by eliminating the other or by merely absorbing the two worlds. It is a kind of integration in which two sides of the pole cannot be excluded(Kincaid, 1987:323).

Buber's view of union is neither that of the idealist nor that of the realist. Unlike the idealist, Buber does not seek to transcend the multiplicity of the dualistic world into the monistic unity of the absolute world. Unlike the realist, Buber does not reduce the world to the narrow concept of the immediate only. Yet he is an idealist in the sense that he accepts the dualistic world of multiplicity. He is both idealist and realist but neither of these, if taken separately. So is his view of unity or relation. It is a paradox relation of the two worlds in the monistic world of unity and the dualistic world of separation(Kincaid, 1987:323).

His unity, when his dialogical thought reached its maturity, may be called an identity-in-unity in which the uniqueness of each is intensified over against the other. It is a unity created out of the realization of differences in each object and being(Kincaid, 1987:324). As far as the intercultural communication between two cultural groups or two nations is concerned, the cultural uniqueness of each is intensified in the process of cultural convergence (a unity created out of the realization of differences).

3. 3 The double-swing model of communication

On the basis of Buber's philosophy of dialogue and the dialogical mode of intercultural encounter and communication, the double-swing model was constructed and symbolized by ∞ , the mathematician's infinity symbol, which signifies an "identity-in-unity". It tells the dialogical unity or relationship between, for example, man and his fellow men, man and society, country and country, religion and religion, subject and object, etc(Kincaid,1987:326).

The double-swing model has several important characteristics.

First, in terms of structure, the model is neither monistic nor dualistic. While a monistic structure assumes oneness which can be represented by single circle, a dualistic structure assumes separation which can be drawn as two circles without a connection. The structure of double-swing model signifies an "identity-in-unity", which embraces the unity of monism and the separateness of dualism, both of which are constantly interactive and complementary Neither side can be excluded or combined(Kincaid,1987:326).

Secondly, the double-swing model pictorially emphasizes the act of meeting between two different beings without eliminating the otherness or uniqueness of each and without reducing the dynamic tension created as a result of meeting(ibid:326).

Thirdly, the double-swing model also shows that one steps out from one's own ground to meet the other. The focus is neither on one side nor on the other, but rather on the dynamic flow of dialogical interaction a process through which the one and the other is constantly created anew. One is different from the other, yet both are fundamentally interrelated in the same continuum(Kincaid,1987:326).

Chapter Four　The Study of Translation of Cultural Relic Texts in Museums

4.1 Application of cultural convergence theory to the translation of cultural relics in museums

4.1.1 Cultural convergence theory and intercultural translation

On September 1995, the First International Congress of the European Society for Translation Studies was held. The basic theme of the Congress is Translation/Interpreting as Intercultural Communication. A broad range of topics were debated at the Congress. The selection of 30 contributions clarified from different perspectives that intercultural translation is a kind of intercultural communication.

As for the relationship between cultural convergence and intercultural translation we can follow this deduction: intercultural translation is a kind of intercultural communication which is a process of cultural convergence, thus, intercultural translation is also a process of cultural convergence.

4.1.2 Translation of cultural relic texts from the perspective of cultural convergence

As we have mentioned, cultural relics are a part of national culture. They are the shared heritage and the common origin of nation which constitute the national culture. To some degree, it is unique in the world. While we are translating cultural relic texts into English, we are trying to introduce our cultural elements to foreigners in order to get understanding and acceptance throughout the world. Under such circumstances, translation of cultural relic texts should be as intelligible as possible to enlarge the "common ground" between our counterparts and us for a mutual understanding.

Translation of cultural relic texts belongs to the category of intercultural communication. In the process, cultural convergence is inevitable. If reasonably controlled, it will do no harm to the cultural uniqueness and independence of a nation Instead, it will help a nation to get the worldwide understanding and acceptance.

Since cultural convergence in the translation of cultural relic texts will never kill the cultural uniqueness of a nation. Cultural diversity of the world will always remain. The only difference it makes is that people of different cultures will live together more harmoniously. Moreover, thanks to mutual understanding between different cultures, misunderstanding and disputes will be decreased.

4.2 Translation model of cultural relic texts from the perspective of intercultural communication

In the light of the convergence model of intercultural communication, a convergence model of translation of cultural relic texts (Fig. 6) should and may be set up to illustrate the process of cultural relic texts being understood by the source text readers and the target text readers as the participants of an intercultural communication.

In the convergence model of translation the ST readers and the TT readers share the same information (cultural relic texts) which is not in the same form, respectively Source Text (Chinese version) and Target Text (English version) rendered by the translator. If we want the result of mutual understanding and mutual agreement for a state of cultural harmony between nations, ST and TT must be identical not only on the surface-level cultural information, but also on the middle-level and the deep cultural information.

For this purpose, we have to clarify the equivalence of information at various levels. Sometimes the translator can find expressions which are entirely equivalent to each other. Sometimes he has to change the image. Sometimes the translator will have to make a change in the surface value of some words so that he may get a suitable representation which can express their true implication(Liu Zhongde, 1991:23). The three situations can be made clear according to the cultural schema as the following equivalence:

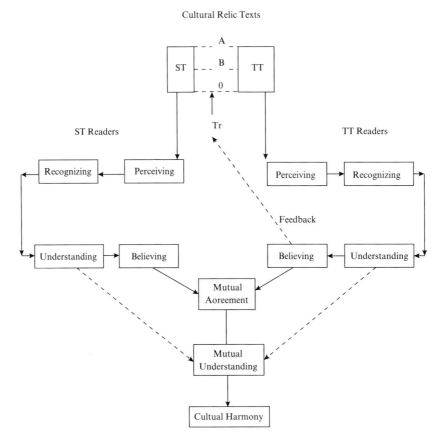

Fig. 6　The convergence model of translation of cultural relic texts

Just as illustrated in the diagram above, if an expression which is equivalent both in form and content can be found in the target language(A-A), it can be applied without any change in meaning or form. For example:

彩陶钵 painted pottery bowl

陶棺 pottery funeral urn

陶排水管道 pottery drainage pipe

灰陶罐 grey pottery jar

铜铃 bronze bell

In the above examples, according to their functions, "钵"、"棺"、"管道"、"罐"and"铃"in Chinese traditional culture are equivalent to bowl, "urn", "pipe", "jar" and "bell" in English both in form and meaning.

If the expression is equivalent in content but not in form (A-B). it can also be applied with a change in form. For example:

绘彩陶壶 painted pottery vase

盘 basin

In the examples, "壶" and "vase", "盘" and "basin" are equivalents in meaning (according to their functions) but not in form in modem Chinese and English. In both situations, cultural information of the cultural relic texts is conveyed completely. So it is possible for TT readers to grasp the essence of the information of cultural relic texts, and to get a thorough understanding of Chinese culture. In the end, both sides of the communication will reach a mutual understanding and a mutual agreement without any doubt.

But sometimes the equivalent of A does not exist (A-0), the translator has to coin a new form to convey the novel content. This is where the problems arise. For this part greater troubles have to be taken to convey the cultural information of cultural relics in museums with change both in form and in meaning. For example:

王子午鼎 "Prince Wu" ding

鸮卣 xiaoyou (Bronze owl-shaped-jar, wine vessel)

灰陶瓿 grey pottery gu

陶簋 pottery gui

原始瓷尊 proto-porcelain-zun

原始瓷豆 proto-porcelain-dou

Such translation is inevitable due to the lack of equivalents in English. They are called China English which bears or carries traditional cultural values and social meanings of China. As a carrier of Chinese culture and a hybrid of internationalization and nativization of English, China English is very productive. Without them, communication between China and the world is almost impossible today (Kulich, 2007:

157). While cultural relic texts in museums are translated, so-called China English is unavoidable. But translators must be very careful and try hard to clarify the coined expression when it is introduced.

4. 3 Analysis of translation of cultural relic texts in Henan Museum

Henan is one of the cradles of Chinese civilization. Its long history gathers a wealth of historical cultural resources which are mostly kept in Henan Museum. Henan Museum, established in 1927, is one of China's earliest museums. As a center for cultural relics collection, preservation, research and exhibition, Henan Museum has a collection of more than 130000 pieces of cultural relics treasures. Among them, bronzes, pottery and porcelain, jades and stone carvings possess most distinguishing features. All the cultural relics are silently telling visitors from home and abroad about the long history of the Central Plain of China.

Here in this paper, we mainly take the translation samples in Henan Museum as examples, with samples of Xi'an and Beijing for reference, to find the merits and existing problems of the translation of cultural relic texts in museums in general.

4. 3. 1 Good samples of translation of cultural relic texts from the intercultural perspective

Nowadays, for the convenience of foreign visitors, Henan museum has translated all the instructions and texts into English. It also offers the English version on line for the sake of better intercultural communication. Although problems are still in existence. Some of them are well translated when they are considered from the perspective of intercultural communication.

According to Nida (2004: 156), "no two languages are identical, either in meanings given to corresponding symbols or in the ways in which such symbols are arranged in phrases and sentence, it stands to reason that there can be no absolute correspondence between languages. Hence there can be no fully exact translations". Under such circumstances, "one must in translating seek to find the closest possible equivalence" (ibid: 159) to realize effective translation while conveying the cultural information as much as possible. Look at the following examples:

彩陶 painted pottery bowl

网纹彩陶钵 painted pottery bowl with fishing-net-motif

灰陶罐 grey pottery jar

武士画像砖 tomb brick with warriors design

绘彩陶 painted pottery vase

陶排水管道 pottery drainage pipe

铜铃 bronze bell

The above mentioned samples of translation are well translated in that they find the closest equivalence of the cultural information of the cultural relics and convey it to the target language exactly. The TT readers may get a clear idea about the function of the cultural relics in ancient China by rendering "钵", "罐" and "铃" into bowl, "jar" and "bell". By laying stress on the target language, the translator is not only faithful to the original, but also makes proper adjustment to the original information from the intercultural perspective, so as to make the English texts easily understood by foreign visitors. In this way, the translation plays a central role in realizing effective intercultural communication.

4.3.2 Translation failures in the translation of cultural relic texts in Henan Museum from the intercultural perspective

Apart from the good samples of translation many problems still exist in the C-E translation of cultural relic texts in Henan Museum:

4.3.2.1 Linguistic mistakes

First, the most obvious problem is linguistic mistakes such as spelling mistakes, grammatical mistakes, misused words and words collocations, and so on. For example:

(1)"中再(cheng)父"铜簋 bronze gui with the inscription of "Zhong yan fu"

(2)"虢季"角钟 bronze bell with the inscription of Guoji music instrument

We can find music instrument (musical instrument) in Example (1), and bronze gui with the inscription of "Zhongyanfu" in Example (1) (The correct one should be Zhongchengfu)

As for lexical mistakes, it is more complicated than spelling mistakes and grammatical mistakes. For example:

(3)陶双连壶(酒器) painted pottery twin-ewer

(4)灰陶罂 grey pottery wine vessel

(5)夔纹陶杯 pottery cup with dragon patter

(6)吹箫砖俑 brick figurine of whistle blower

(7)宋元两代是我国戏曲艺术形成和发展的重要阶段,演出形式不拘一格,内容多为寻常熟事,且在民间广为流传。在河南发现许多戏曲文物,充分反映出当时中原地区戏曲艺术的繁荣。

Song and Yuan dynasties are important periods of the formation and development of opera arts in China. Varieties of performing forms told the stories based on lives of the commoner, and were very popular among the folks. Many remains related to operas from Henan suggest the flourishing state of opera arts in the Central Plain.

（8）宋、金、元时期，科学家们在总结前人科技成果的基础上脱古创新，科技发明迭出。河南作为全国的经济、文化中心，许多发明从这里诞生，许多创造在这里出现。科技成就在历史的长河中熠熠生辉。

During the period of Song, Jin and Yuan dynasties, scientists invented a great amount of new neologies on the basis of the accomplishments of the ancestors. Being the center of economy and culture of the whole country, Henan became where many inventions emerged. Scientific technology shined in the history.

In English, ewer refers to a large jar with a wide mouth, merely used for carrying water for someone to wash in, instead of something to contain wine, So in Example(3), it is lexically wrong to translate"双连壶" into twin-ewer. In Example (4), wine vessel is too general to refer to "jia（斝）", a goblet with three feet to warm or contain wine which constitutes set with"gu" （觚）and "jue" （爵）. In Example (5),"夔"in Chinese refers to a kind of unicorn which looks like "in the legend". But it is not 龙 or dragon. So it is also wrong to translate"夔纹"into "dragon pattern"in Example(6),"箫" as a traditional musical instrument in China cannot be represented by"whistle".

In Example (7)," the stories based on lives of the commoner" is used to refer to "寻常熟事" which actually means ordinary life, this is misunderstanding of the source text. Furthermore,"commoner" which means a person who is not a member of a noble family is a bad choice because ordinary life may cover the life of the officials or even noble families instead of the life of the commoner alone. Last but not least, "remains" are pieces or parts of something which continue to exist when most of it has been used, destroyed or taken away. It does not mean "cultural relics". "戏曲文物" should be rendered as"cultural relics related to opera"instead of"remains related to opera".

In Example(8), since "during" is used together with "Song, Jin and Yuan dynasties", "the period of" is redundant. Secondly, "accomplishments" which means "the act of accomplishing or finishing work completely and successfully"should be replaced by "achievements" or "accomplishment". Because, as a countable noun, it only means skill or something in which one is accomplished(才艺,才能). Moreover, "technologies" cannot be "invented""a great amount".

Linguistic mistakes are usually caused by the translator's linguistic incompetence or carelessness. As the information offered is very important, whatever causes the mistakes, it influences the intercultural communication and creates a very bad impression.

4. 3. 2. 2 Deletion of important information

Secondly, deletion of important information is also very serious. For example：

(9)车骑出行宴饮画像砖　tomb brick

(10)贵妇出游画像砖　tomb brick

(11)双鸾衔绶镜　bronze mirror

(12)葵式双鸾仙鹤衔绶镜　bronze mirror

(13)红陶欲飞鹅　red pottery goose

(14)红陶鹅　red pottery goose

Both"双鸾衔绶镜" and "葵式双鸾弯仙鹤衔绶镜" are translated "bronze mirror". "贵妇出游画像砖" and "车骑出行宴饮画像砖" are simply translated as "tomb brick". "红陶欲飞鹅" is translated as "red pottery goose" as "红陶鹅". In all the examples, the middle-level as well as the deep cultural information are o-mitted. Only the surface-level cultural information remains. With the important information being left out, the image gets lost. The visitors only know "what it is", but not "what it is like" or "what it means". This phenomenon is quite common in the translation of the names of cultural relics in Henan Museum.

This problem also exists in many other translations. Look at example (15)：

Chinese Version：

钧窑玫瑰紫葵花盘

宋代(公元961～1134年)

高3.3厘米　口径19.5厘米　足径8厘米

板沿、葵花口、浅腹、圈足。盘内外施青灰釉,面布满开片,并有大片的玫瑰紫彩斑,此乃以久负盛名的钧窑窑变工艺烧制而成。

English Version：

Mallow-shaped plate in rose purple glaze. Jun ware

Song Dynasty（A. D. 960-1279）

Unearthed at Fangcheng, Henan

Height: 3. 3cm

Mouth diameter: 19. 5 cm

Foot diameter: 8cm

From Example (15), it is clearly seen that a detailed introduction to this article is offered to provide more information in Chinese version.

4. 3. 2. 3 Deficiency of information

Thirdly, deficiency of information in translation is also a great problem. It can be found in many of the translations of cultural relic texts in museums. Look at Example(16):

(16) 河南的古代音乐，已经有近九千年的发展历程。从新石器时代早期的贾湖骨笛开始，到四千年前龙山文化的特磬，三千年前夏王宫的铜铃，以及殷墟的编铙编磬，西周的编钟，更有春秋战国的各类钟鼓磬瑟、管箫琴笙等。用这些上古音乐文物开发出的乐器配器成乐，加上音乐考古学家的古曲创编，更使我们从中品味出河南史前先民草莽的笛声，夏商王宫女乐的唱和，郑韩城内歌钟的悠扬，桑间濮上士女的欢唱，信阳楚王城的鼓声，丹江岸边王子王孙的钟乐。以史作证，以物为鉴，这里奏响的将是上古华夏民族的心灵之声。

The ancient music in Henan has a history of nine thousand years. At present, archaeologists have discovered many ancient music instruments here, including bone flutes unearthed at Jiahu site of Neolithic period, teqing of Longshan culture, bronze bell of the Xia Dynasty dating back to 3000 years ago, bian nao and qing unearthed from Yin ruins of the Shang Dynasty, bian zhong belis of th Ying and Guo states in western Zhou Dynasty, and all kinds of instruments in Spring and Autumn period, such as bells, drums, stone chimes, se, pai pipe, xiao, qin, sheng, etc. Making use of these ancient music instruments, musical archaeologists create the melodies. Now we will appreciate the pure music from our ancestors' soul here.

In Example(16), the first sentence tells the long history of the ancient music in Henan province. But beginning from the second sentence, there is no further explanation about the cultural relic of "culture, and the historical terms", such as the Neolithic period, the Shang Dynasty, Western Zhou Dynasty, Spring and Autumn period, are unclear to foreign visitors. Because these terms haven't any time indications, they make no sense to foreign visitors. In addition, the names of ancient musical instruments such as "teqing", "bronze bell", "biannao", "qing", "bianzhong", "se", "pai pipe", "xiao", "qin", "sheng", etc, are even unfamiliar to most Chinese, so they may be completely alien to foreign visitors who know little a-bout ancient Chinese music. At the same time, the "Jiahu site", "the Yin ruins" which are important places in Chinese history, also need further explanation.

The same problem lies in Example (17):

(17)宋代是我国陶瓷史上的鼎盛时期，河南是这一时期我国的瓷业中心。全国五大名瓷中钧、汝、官三窑均在河南。除此之外，大量民窑也烧造品质各异的民用瓷。河南瓷业呈现出百花竞放、争奇斗艳的局面。

Song Dynasty was the heyday in the history of Chinese porcelain, and Henan was the center of porcelain productions. During this period, Jun, Ru and Guan wares, which were three of the five famous official wares serving the imperial and noble, were all produced here in Henan. Besides, a large number of folk kilns produced ceramics for the common. The two systems in the production of porcelain created a colorful scene with abundant varieties in the porcelain industry of Henan. In Example(17), "Jun, Ru and Guan wares" "were three of the five famous official wares". But no detailed information is given to tell visitors what "the five famous official wares" refer to or what "Jun Ru and Guan wares" are. Thus, they make no sense to foreign visitors who know little about the cultural background of Chinese porcelain. For effective intercultural communication, more detailed information should be added.

4. 3. 2. 4 Lack of unity

Last but not least, translation of cultural relic texts of the same kind is not uni-formed. For example:

(18)绘彩文吏俑 painted pottery civil official

(19)绘彩武士俑 painted pottery warrior figure

(20)三彩文吏俑 sancai glaze pottery attendant official

(21)绘彩男俑金代(公元 1115—1234 年)

painted pottery figurine Jin Dynasty(A. D. 1115—1234)

(22)绘彩女俑金代(公元 1127—1234 年)

painted pottery figurine Jin Dynasty (A. D. 1127—1234)

In Example(18) and(20), the same words "文吏俑" are translated into "civil official" and "attendant official" respectively and in all the examples "俑" is some-times stated as "figure" or "figurine" and sometimes omitted. This will inevitably add to the difficulty of foreign visitors in understanding. Furthermore, Jin Dynasty is noted differently in the two explanations at the same place. Great confusion will be caused.

In fact, the above four translation failures can be found not only in Henan Museum, but in many of the museums throughout China. They lead to misunderstanding between nations and impede effective intercultural communication. So, measures must be taken immediately to perfect the translation of relic texts in museums.

4. 4 Methods of the translation of cultural relic texts in museums

The first important measure to be taken is to seek for methods of the translation of cultural relic texts in museums. As we all know, difficulties in translating cultural relic texts in museums lie in the transfer of cultural factors instead of the rendering of syntax structures or other grammatical issues. For the lack of equivalent cultural factor, it is difficult for target audience (foreign visitors) to understand target texts if the cultural relic texts in museums are translated into target language directly, since they do not share the same cultural background with Chinese. No matter what methods are adopted, they should be able to convey the cultural information of cultural relic texts in museums at all levels.

Nowadays, the following three methods are commonly used in the translation of cultural relic texts in museums:

4. 4. 1 Transliterating

Transliterating is to write a word, name, sentence etc. in the alphabet of a different language or writing system. It is quite necessary in translating material which is unique in a particular culture and whose equivalent is no where to find in a different culture (A→0). Look at the following examples:

灰陶觚(酒器)　grey pottery gu(wine vessel)

灰陶盉(酒器)　grey pottery he(wine vessel

平底铜爵(酒器)　bronze jue(wine vessel)

陶簋(盛食器)　pottery gui(food container)

原始瓷尊(酒器)　proto-porcelain-zun(wine vessely)

原始瓷豆(盛食器)　proto-porcelain dou(food container)

吹排箫砖俑　brick figurine of xiao player

兽面纹铜罍(酒器)　bronze lei with beast mask motif(wine vessel)

夔纹铜鬲(盛食器)　bronze li tripod with dragon pattern

"祖辛"铜卣　bronze you with the inscription of "Zuxin"(wine vessel)

In the examples, 觚(gu), 盉(he), 爵(jue), 簋(gui), 尊(zun), 豆(dou), 箫(xiao), 罍(lei), 鬲(li), 祖辛(zuxin) and 卣(you) are all transliterated because their equivalents do not exist in English or in foreign cultures. To foreign visitors who know nothing about Chinese culture, they may be meaningless symbols when they are first introduced into English. Yet, with the help of detailed explanation or description of their cultural connotation and other information related, they will gradually become household words in English and play an increasingly important role in introducing Chinese culture to the outside world. Actually, transliterating is widely applied to the translation of the names of cultural relics in museums.

Names are not only symbols of objects, but also the symbolized culture. In order to translate the names of cultural relics effectively, the relationship between cultural relics (actuality) and their names (name) must be clarified.

In ancient Chinese philosophy, "name" is an important term. Names are used to designate actualities. According to Mohist School, a philosophical school in ancient China which is represented by Mo Di (475 B. C-395 B. C.), what designates is name, while what is designated is actuality. Names should accord with actualities. Actualities always come before names while names simulate (模拟) actualities. On this basis, Later Mohists further classified names into three types, namely, the general name the classifying name(类), and the private name(私)(Guo Shangxing, 2002:311). For example, "thing" is a general name. All actualities must bear this term. "Horse" is a classifying name. All actualities of that sort must have that name. A man's name is private. This name is restricted only to this actuality (ibid: 278). Master Xun (Xun Kuang), a famous philosopher in ancient China had a similar idea. According to him, after the analysis and study of actualities from various aspects, names are provided to refer to actualities. He put forward the view of "making names to denote actualities".

As far as names of cultural relics are concerned expressions like "food container", "wine vessel" and "musical instrument" are just general names. Applied in the names of cultural relics as notes providing information, they are too general to fulfill their tasks. Expressions like "ding" (鼎), "gu" (觚), "he" (盉), " jue" (爵), "gui" (簋), "zun" (尊) "dou" (豆), "xiao" (箫), " lei" (罍), "li" (鬲), and "you" (卣) are classifying names as they contain much information about the appearance, form, function and the time they existed, they are rich in culture which can never be replaced by other names in English. While names of cultural relics are translated, for lack of equivalents in English, transliterating is the only way to introduce them to different culture. But the following two points should be kept in mind in order to maintain the cultural factors in the names:

To start with, notes should be added to offer detailed information about the class to which they belong, including the form, function and cultural connotations. And to induce and deduce according to classes (also translated into "taking and giving according to classes") just as Later Mohists proposed. Taking "ding" for example, with a round belly, three feet and two ears, its appearance is just like the Chinese character. It is used to boil and contain meat offered as sacrifice to Heaven or an ancestor in ancient China. As symbol of power, the number used was prescribed in the Zhou Dynasty: 9 for the emperor, 7 for the dukes or princes, for senior officials and 3 for scholars. Of course, it will be a little complicated at the very beginning. But later, with the spreading of the coined term, it will be accepted throughout the world and understood by foreigners without any difficulty, just like "kungfu" and "tofu".

Secondly, translators must be very careful when they are transliterating in order to avoid causing confusion to foreigners. For example, "he" (盉), "you" (卣) and "long" are all English vocabulary with particular meaning. So adaptation of their form is necessary. They can be rendered as "hee", "yu" and "loong".

4.4.2 Literal translation

Literal translation, also called word-for-word translation, is ideally the segmentation of SL text into individual word and TL rendering of those word-segments one at a time. This ideal is often literally impossible —an inflected word in an agglutinative SL, for example, can almost never be replaced with a single word in an isolative TL —and, even when literally possible, the result is often unreadable. Hence most so-called literal translations are in fact compromises with the ideal: looser renditions that replace individual SL words with individual TL words wherever possible and cling as closely as possible to the SL word order in the TL(Baker, 2004:125).

Nowadays, the issue in translation is no longer segmentation, or what formal unit to isolate for translation, but what might be called geohermeneutics, the problematics of interpreting texts across cultural boundaries(ibid:126). It is especially true with the translation of texts which are rich in national culture. Cultural relic texts in museums included. In order to immerse the TL reader in the textual feel of the SL culture and retain the alterity of the SL culture cultural relic texts in museums may be translated literally.

The following are samples in Henan Museum which offer overall introductions to sections of exhibition named Light of Henan's Ancient Culture composed of Prologue, the Dawn of Civilization, the Splendid Three Dynasties, Incorporating the Diverse, the Flourishing Age of the Sui and Tang Dynasties, the Bright Twilight, and so on. All the introductions are translated literally in order to maintain its style while conveying the historical and cultural information, thus providing the TL reader textual feel of Chinese culture. For examples：

①文明曙光——原始时期

打制石器引发文化先声

从茹毛饮血到耕作务农

从惧怕自然到美化世界

从不辨地理到天圆地方

从洞穴岁月到兴建城邦

The Dawn of Civilization—Primitive Age

Chipping stones into tools initiated culture

From eating raw meat to domestication and farming

From fearing nature to beautifying the world

From ignorance of geology to offering the assumption of round heaven and square earth

Form dwelling in caves to building cities and establishing states

②三代辉煌——夏商周时期

国都定中原制礼乐典章

甲骨文创字历史始有载

瓷器发端凝聚东方智慧

钟鸣鼎食熔铸三代辉煌

The Splendid Three Dynasties—Xia, Shang and Zhou Periods

Settling the capital in the Central Plain and establishing the ritual ceremony system

The oracle bone inscriptions started the written history

The emergence of porcelain crystallized the Oriental wisdom

Bronze bells and tripods cast the splendor of the Three Dynasties

③兼容并蓄——两汉魏晋南北朝时期

庄园经济创造多彩文化

舞乐书画标立艺苑新风

儒、佛、道诠释天地之理

科技发明独领世界风骚

Incorporating the Diverse—The Western and Eastern Han, Wei, Jin, Southern and Northern Dynasties

Mansion economy created colorful cultures

Dance, music, painting and calligraphy took new style

Confucianism, Buddhism and Taoism tried to interpret Natural laws

While technological inventions played the leading role in the world

4. 4. 3 Explanation

In order to overcome the defects brought by transliteration and literal translation, explanation is often of vital necessity(Wang Cuilan,2006:71). Eugene A. Nida (1969) says:"In any translation,there will be a type of 'loss' of semantic content, but the process should be so designed as to keep this to a minimum. "The loss of semantic content is caused by cultural differences of different nations. Explanation is intended to introduce what is lost in literal translation so that foreign visitors can learn the real meaning of the source language text(Cuilan. 2006:7). For example:

①编钟 bian zhong bell-chime

②玉如意 jade ru yi. (s-shaped omnamental object,formerly symbol of good luck)

③钧瓷 Jun ware is named after Junzhou where it was produced,and the site of the ruined kiln has been discovered in the present Yuzhou City, Henan Province. The basic colour of the Jun ware is sky blue. The technique of yaobian is often used,which refers to the changes of tints of colours by control of the temperature of the kiln.

In the three examples,foreign visitors get more information from the explanations.

On the whole,it is necessary to add some explanation to the original in the translation of cultural relic texts in museums,for foreign visitors know little about the cultural background of Henan,the central plain of China,such as the function and cultural connotations of cultural relics, the year they existed, the beginning and ending of a dynasty,the exact meaning of the transliterated names of people,places, things and so on. If we do not provide more detailed information foreign visitors will encounter heavy communication load which prevents them from thorough understanding of Chinese culture. So when cultural relic texts are translated, the translator should bear it in mind that foreign visitors are not familiar with the cultural background of China,but they intend to learn it.

Chapter Five　Translation of Cultural Relic Texts in Museums:Its Process, Nature, Principles and Criteria

5. 1 The process of the translation of cultural relic texts

5. 1. 1 Preliminary factors to be considered

Translation process involves far more than step-by-step procedures for producing a translation from a source text. There are a number of preliminary factors which must be considered, for example, the nature of the source text, the competence of a translator. The direction of the translation (e. g. , from an acquired language to one's own mother tongue or from a text in one's own mother tongue to an acquired language) , the type of audience for which the translation is being prepared, how it is likely to be used by readers, and so on(Nida, 1993:131).

As far as translation of cultural relic texts in museums are concerned, the following factors must be considered beforehand.

5. 1. 1. 1 The nature of cultural relic texts

Cultural relic texts in museums are quite special. The author uses several key terms to summarize the nature of the source text.

First, cultural relic texts are expository. Expository writing is a type of discourse that is used to explain, describe, give information or inform. The creator of an expository text can not assume that the reader has prior knowledge or prior understanding of the topic that is being discussed. One important point to keep in mind for the author is to try to use words that clearly show what they are talking about, and clarity and exactness are the most. As we all know, the texts in museums including names of cultural relics, are used to describe the objects collected and introduce them to visitors vividly. The principle of wording for cultural relic texts is right words at right places.

Secondly, cultural relic texts are informative. Since texts in museums are used to provide information to visitors and help them to have a better understanding of what they see, the texts should be informative. Informative texts are content-focused. In order to effectively communicate knowledge and information, the language of cultural relic texts in museums is usually not only concise but also precise.

Last but not least, cultural relic texts are cultural. As we just mentioned, texts in museums are expository as well as informative, yet they are not pure expository writing intended simply to offer information. We have discussed in Chapter Two that cultural relics are rich in traditional culture. Visitors come to the museum not only to appreciate the beauty of the cultural relics collected, but also to learn about the tradition, history and culture of a country or even of human-beings as a whole. So the cultural aspect can never be ignored in the translation of cultural relic texts in museums.

The nature of the source text, cultural relic texts, defines that it is no easy job to translate them. The examples in Chapter Four also illustrate this point. Translators of cultural relic texts must try their best to convey the cultural information by way of transliterating, literal translation and explanation as exactly, thoroughly, clearly and effectively as possible to promote intercultural communication.

5.1.1.2 The suitable translator of cultural relic texts

Translators convey the full meaning of the information from the source language into the target language in the appropriate style and register(Bowe & Martin, 2007: 149).

Best practice suggests that translators and interpreters should preferably translate into their mother tongue (Bowe & Martin, 2007: 141), because a translator is usually far more competent in the lexical, grammatical and rhetorical features of his or her own language than in an acquired language(Nida, 1993: 137). For example, all other things being equal, if one wants something in English translated into Chinese, a native speaker of Chinese would probably be better for the job. If one wants something in Chinese translated into English, a native English speaker would probably be better.

However, long in history, varied in form and rich in content, Chinese culture is not always easily understood by common people from different cultures. This makes it extremely difficult for a native English speaker to translate cultural relic texts in Chinese museums which are rich in Chinese culture. Furthermore translators are typically required to act with impartiality so as not to prejudice against either party. And he or she who deals with this kind of material should not only be bilingual and bicultural but also be specialized in this area of knowledge. Taking all the above conditions into consideration, the perfect translator of cultural relic texts should be a Chinese scholar who has profound knowledge in national-culture and history with a high level of English language and culture and who knows some translating skills, and with the help of an English scholar who has the same qualities to examine the quality of the translation. In this sense, the process of translating itself is the intercultural communication and negotiation between the two scholars. By negotiating and renegotiating, they will come to an agreement and construct the common ground of different cultures. In this way, intercultural translation, as an intercultural communication, will be very successful effective and impartial.

In conclusion, translating qualifications for suitable translators of cultural relic texts are: bilingual language skills, translating skills, background and cross-cultural knowledge, professional ethics and confidentiality impartiality.

5. 1. 1. 3 The audience of translation of cultural relic texts

The target audience for which a translation is made almost always constitute major factor in determining the translation procedures and the level of language to be employed. The audiences of the translation of cultural relic texts are those who are interested in traditional Chinese culture from different cultures. So while translating, the translator should be conscious of one point to convey the cultural information at all levels to the maximum degree in order to help the visitors understand them fully and easily.

5. 1. 1. 4 The purpose of the translation of cultural relic texts

The purpose of translation (the particular ways in which a text is to be used) will also influence the manner in which it is to be translated. It will decide the methods or strategies applied in the action of translating. Translation of cultural relic texts in museums is usually used together with the real objects in the exhibition of cultural relics. They are used to introduce our national culture to foreign visitors and help them understand us objectively.

5. 1. 2 Process in translating cultural relic texts

According to Nida, there are four basic procedures in translating: (1) analysis of the source text; (2) transfer from source to target language; (3) restructuring in the target language, and (4) testing of the translated text with persons who represent the intended audience(Nida, 1993: 146). They can be applied in the translation of cultural relics as well. Apart from the four procedures, proofreading is also necessary step.

5. 1. 2. 1 Analysis of the source text

Analysis of the source text means a detailed treatment of both the designative and associative meanings of the lexemes, the syntax, and the discourse structures. Understanding and appreciation of the source text are fundamental to any attempts at translating. In fact, it is failure at this point that is responsible for most deficiencies in translating. If a translator really understands the meaning of the source text and has adequate competence in the target language, translating appears to be a completely natural and an almost automatic process. As far as cultural relic texts are concerned, great attention should be paid not only to the lexical, syntactic, and discourse features, but also to the cultural connotations which are contained in the words. As we know, many of the words used in museums are old Chinese characters which are very difficult to understand and whose associative meaning is rich. Moreover, the language of cultural relic texts are refined and elegant in style, formal in diction, indirect and complicated in expression and descriptive in form. In order to translate cultural relic texts better, translators must make an intensive study of cultural connotations and functions of cultural relics with careful analysis of the source text of cultural relic texts together with the study of culture and history of Ancient China. For example.

钧窑玫瑰紫葵花盘 Mallow-shaped-plate in rose purple glaze Jun ware

In this example, there is very serious mistake in the translation of the name. By consulting Concise Encyclopedia Britannica, it is quite clear that "glaze" in Ancient China was an washbasin used to contain water for the nobles to wash hands in it while holding ritual ceremonies. But the English version of Henan Museum adopted "plate" which refers to a flat and usually round dish with a slightly raised edge. from which food is eaten or served. Foreign visitors are certain to misunderstand it because of this mistake in translation which is caused by lack of careful analysis of the source text and the study of Chinese culture.

5. 1. 2. 2　Transfer from source to target language

The process of transfer involves the shift from thinking in the source language to hinking in the target language. This step is really very difficult while translating cultural relic texts for lack of equivalent expressions in English. Just as illustrated in Fig. 6, if there is an equivalent expression of A in the target culture (A-A), translators of cultural relic texts may apply it without any adaptation. Otherwise, we use transliteration when there is no equivalent expression (A Zero) or explanation when A in Chinese culture is equivalent with B in the target culture (A-B) to introduce Chinese unique culture to foreign countries. For example:

灰陶埙　商代　安阳殷墟妇好墓出土

埙是我国最早的吹奏乐器之一，这种埙以出自安阳殷墟的陶埙为蓝本。古书曾记："伏羲氏灼土为埙"，说明这种陶土烧制的乐器出现在三皇五帝那遥远的年代。这里介绍的埙呈倒置的螺形，顶端有一圆形吹口，为五音孔埙，近低处一面有倒"品"字形音孔 3 个，另一面有左右对称的音孔 2 个，一大一小，形制相同，均作平底，经测音，可发 11 个音，从测音结果看，可以吹出七声音阶，已有若干音阶与调式，制造也已趋向规格化，可能已有标准音或绝对音高的概念。音色苍凉忧郁，如泣如诉。这种中国特有的闭口气振乐器，保存了一个古老的音响世界，引导人们走入一个苍茫悲怆的意境之中。

Gray Pottery Xun Shang Dynasty Unearthed at Fubao Tomb, Yin Ruins, Anyang.

Xun is one of China's earliest wind instruments, and this piece was produced with the Pottery excavated at the Yin Ruins, Anyang. According to ancient records. "Fuxi, the mythical first ruler of China, made Xun by burning clay." This story indicates that the instrument emerged in the remote era of the Three August Ones and the Five Emperors.

The Xun referred to here is a top-side-down conch shape. It features a round opening at the top. To be specific, it is a Five-Sound-Hole Xun, 3 sound holes are in a reverse pyramid arrangement on one lower side, and 2 holes in symmetrical distribution can be found on the other side. The holes are different sizes, but the same shape. The instrument has a flat bottom.

According to sound measurement, the instrument is able to produce 11 different sounds, and extends 7 scales. As a variety of scale and tone was available, the manufacture of the instrument was proven to be standardized to certain extent, and in this respect it might have enjoyed standard or absolute pitch. The musical timbre, lonely and melancholic expresses a plaintive voice. The unique Chinese closed wind instrument has preserved an ancient world of sound and music, leading us to tic imagery full of vastness and sorrowfulness. (Henan Museum)

In this example, for "Xun"（埙）, "Fuhao"（妇好）and "Fuxi"（伏羲）are all unique in Chinese culture and there are no equivalent expressions in English, they are translated "灰陶", "吹奏乐器" and many other musical terms all find their equivalents in English. And in order to offer a translation which is relatively equivalent in function with the source text, explanation is also widely used.

5. 1. 2. 3 Restructuring in the target language

The process of restructuring involves the organization of the lexical, syntactic, and discourse features of the transferred text so as to provide maximal comprehension and appreciation on the part of the intended audience (Nida, 1993: 147). For this step, translators must try their best to find the most appropriate expressions to replace the original words in the source text. If the equivalent expression does not exist, he has to coin one to convey the unique cultural information with the help of suitable techniques. For example, most of the transliterated terms are coined in English.

5. 1. 2. 4 Testing of the translated text with persons who represent the intended audience: the feedback

Although the testing of a translation is somewhat different from the processes of analysis, transfer, and restructuring, it is an essential element in that it exposes so quickly any problems which exist in translating.

As for the testing of the translation of cultural relic texts, it is actually a question of feedback. Nowadays, it is very common for museums in China to communicate with foreign museums. At that time, the translation should be examined by the corresponding museum and they together have a discussion about it. Translators may improve the quality of the translation according to the feedback. This step is very useful and effective for a translation of high quality and successful intercultural communication.

In addition to the above four steps, proofreading is also very important. For a green-hand translator, it is necessary to ask the experienced translator and experts in this field of knowledge to proofread the translation to guarantee the quality. By careful proofreading, many of the linguistic mistakes or printing errors would have been avoided.

5. 2 The nature of translation of cultural relic texts

The nature of translation is a topic with a very long history. Many experts and translators have ever offered their viewpoints. As far as translation of cultural relic texts is concerned, it should be considered from the perspective of intercultural communication. The purpose of translating cultural relic texts into English I introduce our national culture to foreign visitors of the world in order to gain the understanding throughout the world. So while translating, translators should always keep this in mind and try their best to render cultural relic texts particularly with the direction of theories of intercultural communication, and only if the translation can enable effective intercultural communication. It is a successful translation.

In one word, translation of cultural relic texts is a part of intercultural communication.

5.3 The principles and criteria of translation of cultural relic texts

The principles and the criteria of translation are the two sides of a same coin. While the principles are something translators follow in translating, the criteria are something readers or critics use to measure the quality of the translation.

Nowadays, the most popular principles of translation are faithfulness and accuracy in content, smoothness and fluency in language and appropriateness in style. They are the basic principles for all kinds of translation, the translation of cultural relic texts included.

(1) Faithfulness and accuracy mean that translators should be faithful to the source text and convey it accurately to the target language, without changing, addition, deletion, omission and so on. In addition, in order to be faithful to the original, the translator must not only communicate the same information but also attempt to evoke the same emotional response as the original text(Bowe & Martin,2007:141).

(2) Smoothness and fluency mean that the target text should accord with the expressing habit of the target language. Only if the target text is intelligible, it is able to attract the target audience. Otherwise, it is nothing but meaningless symbol in English. No one will turn to it for help in understanding the material and for more information.

(3) Appropriateness in style means that the style of the target text should be in conformity with that of the source text. Style may refer to "a person's distinctive language habits", or "the set of individual characteristics of language; or a set of collective characteristics of language use, i. e. language habits shared by a group of people at a given time"; or "the effectiveness of a mode of expression", which is implied in "saying the right thing in the most effective way" (Xu Youzhi,2005:7). It is an important part of the feature of the text that should not be changed in translating. Besides the three fundamental principles followed by all kinds of translation, the translation of cultural relic texts has also several specific principles to follow considering its own national and cultural connotations and implications.

5.3.1 Informativeness

Cultural relic texts are the carrier of cultural information at all levels. In order to interest foreign visitors and offer them as much information as possible, the translation of cultural relic texts should convey all the referential and conceptual content of the source text. Background information can be added to help visitors grasp the cultural background and then better understand the cultural connotations of cultural relic. Besides, TL texts should be plain prose with no nonsense. When necessary, the meaning of the SL text may be explicated. For example：

虎座木鼓　战国　信阳长台关出土

上古，人们提及最多的打击乐器就是鼓。黄帝是鼓的发明者。传说黄帝在与蚩尤作战时，八面夔鼓齐鸣，声震千里，使蚩尤闻声丧胆。这里的虎座鼓与虎座鸟架鼓，是根据出土于河南信阳长台关战国墓的鼓复制而成的，鼓座为两只对尾的伏虎，通体绘黄、红、褐相间的鳞纹与卷云纹，和虎背连接的凤足鼓架上，是一个桐木制成的黑红色云纹大鼓。高大的凤鸟鼓与威风凛凛的虎座鼓，构成了仿古乐器中最为亮丽的风景线。

Wooden Drum with Tiger-shaped Stand The Warring States Period, unearthed at Changtaiguan, Xinyang.

In the remote antiquity, the most frequently used percussion instrument was the drum. It is said the drum was invented by the Yellow Emperor. The story goes, when the Yellow Emperor was at war with Chiyou, he had 80 grand drums fashioned and ordered them to chorus and the terrible sound of the deadening drums struck terror into the Chiyou people. The Wooden Drum with a Tiger-shaped Stand, the Wooden Drum with Phoenix-shaped Rack, and the Tiger-shaped Stand are the replicas of drums unearthed at a Tomb of the Warring States Period, Changtaiguan, Xinyang, Henan Province. Each drum stand consists of two crouching tigers positioned back-to-back. The tigers are yellow-, red-and brown-colored and decorated in a bear scale and cloud patterns. The drum rack is in the shape of a phoenix's claw and is connected to the tigers' back. It is a cloud-patterned bass drum of black and red, which is made from tung wood. The tall Wooden Drum with a Tiger-shaped Stand and the Wooden Drum with Phoenix-shaped Rack and Tiger-shaped Stand are the most conspicuous of the imitated antique musical instruments. (Henan Museum)

In this example, although the translation needs to be perfected, it fully conveys the information in the source text. It is good translation for losing no referential and conceptual content.

5.3.2 Preciseness

Chinese culture is profound and a little difficult to understand at the very beginning for a foreign visitor, the translation of cultural relic texts should be precise and understand. In other words, the translation should be natural and intelligible. Otherwise, visitors will be frightened and bored by the translation and in the end lose interest in it. For example：

鼓是我国原始社会最重要的打击乐器之一。我国古代有许多关于鼓的传说，其中在皇帝与龙逐鹿中原时进行的逐鹿之战中，鼓就是皇帝取胜的法宝之一。据载，皇帝制作的鼓，敲击起来"声闻五百里，以威天下"，遂战胜龙，取得胜利。至春秋时期，器乐演奏形式有了较大的发展，不仅可以独奏，而且可以合奏。其中以鼓、编钟、石磬为主的"金石齐鸣"，"钟鼓之乐"就是最具代表性的一种。

Drum is one of the most important percussion instruments in ancient China's primitive society. There were a lot of legends concerning drums in ancient China among which one tells us that drums helped the Yellow Emperor defeat an enemy Dragon during a fight on the Central Plains. According to the records, the drums were made by the Yellow Emperor, when knocked, "sounded for 500 miles and intimidated the world". In this way the drums played a decisive role in the battle. Until the Spring and Autumn Period, the forms of performing instrumental music had developed by a large margin giving rise to not only sole performances, but also ensemble. "The Gold and the Stone Singing out in Harmony", or "the Music of Chimes and Drums", is the most representative, highlighting drums, chime bells, and stone chimes. (Henan Museum)

In this example, the TL text is natural and intelligible on the whole. With the brief introduction, foreign visitors not only get more information about Chinese traditional musical instruments, but also become more interested in Chinese culture with the vivid description of "Gu".

5.3.3 Completeness in culture

The most important purpose of translating cultural relic texts in museums is to introduce Chinese culture to the world in order to get understanding and acceptance throughout the world. Correspondingly, completeness in culture is the critical principle of translation of cultural relic texts as well as the key factor to realize effective intercultural communication.

In conclusion, besides faithfulness, smoothness and appropriateness followed by translation in general, the principles and criteria of translation of cultural relic texts are informativeness in content, preciseness in language and completeness in culture.

Chapter Six   Conclusion

From the above analysis, it can be inferred that translation of cultural relic texts plays an important role in intercultural communication. As is known to all, the target audience of the translation of cultural relic texts might be the English-speaking people or other foreigners who can understand English. They are interested in Chinese culture. For them, an informative and efficient English text which is rich in Chinese culture is more desirable. In order to meet the needs of foreign visitors or readers, translators must try their best to provide satisfactory translation.

The real purpose of the translation of cultural relics is to make the national culture known by all the people in the world and make China understood by the world. For this purpose, translators cannot forget the rule and norms of intercultural communication while they are translating cultural relic texts in museums. They should be directed by cultural convergence theory and share the national heritage of China with foreigners for mutual understanding. Of course, cultural convergence is just an orientation. The great unity of the world is undesirable as well as impossible Cultural uniqueness will never disappear. In this paper, cultural convergence theory is applied in the translation of cultural relic texts because efficient intercultural communication demands a common ground between the participants. Moreover based on the models of intercultural communication, this thesis constructs a convergence model of translation of cultural relic texts which illustrates the transformation of the cultural information of cultural relics at all levels and intercultural communication between the ST readers and the TT readers.

Unlike novels or poems, it is rare for cultural relic texts in museums to consist of complex syntax structures and other subtle and complex elements that tend to be great challenges to translators. In rending cultural relic texts, translators are frequently trapped in the translation of cultural terms instead of the presentation of styles. Many examples analyzed in this paper, which is based on the cultural convergence theory, have shown that in the translation of cultural relic texts, there actually exist two cases: one is the inadequate information; the other is the overloaded message. They are all caused by cultural differences. If one translates the original mechanically regardless of readers' receiving capacity, the translation in fact cannot play the role of intercultural communication. In order to bring cultural differences to the minimum and realize mutual understanding, cultural convergence theory is applied to supervise the translation. Methods of transliteration and explanation are both used. In fact, a successful translation always originates from exploiting several strategies at one time.

In addition, the nature, process, principles and criteria of translation of cultural relic texts are investigated as well in order to render them better and improve the quality of the translation of cultural relic texts in museums.

Since this is just a preliminary research into the translation of cultural relics in museums and there are no existing models for the author to refer to. It is sure that there still exist some mistakes and problems in the thesis. The author is open to suggestions and criticism.

Hopefully, all the above investigation will be of any help to the translation of cultural relic texts in museums in China. The author also hopes that this paper will arouse the interest of some scholars in this field to give a more authoritative and systematic study in order to offer perfect translation of cultural relic texts and help foreign visitors understand Chinese history and culture better.

Bibliography

Baker, Mona. In Other Words: A Coursebook on Translation [M]. Beijing: Foreign Language Teaching and Research Press, 2000.

Baker, Mona. Routledge Encyclopedia of Translation Studies [M]. Shanghai: Shanghai Foreign Language Education Press, 2004.

Baldwin, E. and Longhurst, B. Introducing Cultural Studies [M]. Beijing: Peking University Press, 2005.

Basil, Hatim and Mason, I. Discourse and the Translator [M]. Shanghai: Shanghai Foreign Language Education Press, 2001.

Bassnett, S. and Lefevere, A. Constructing Cultures—Essays on Literary Translation [M]. Shanghai: Shanghai Foreign Language Education Press, 2001.

Bassnett, S. Translation Studies [M]. Shanghai: Shanghai Foreign Language Education Press, 2001.

Bell, Roger. Translation and Translating: Theory and Practice [M]. Beijing: Foreign Language Teaching and Research Press, 2001.

Bowe, H. and Martin, K. Communication across Cultures: Murual Understanding in a Global World [M]. New York: Cambridge University Press, 2007.

Dodd, C. H. Dynamics of Intercultural Communication [M]. Shanghai: Shanghai Foreign Language Education Press, 2006.

Dollerup, Cay. Basis of Translation Studies [M]. Shanghai: Shanghai Foreign Language Education Press, 2007.

Gentzler, Edwin. Contemporary Translation Theories ［M］. Shanghai: Shanghai Foreign Language Education Press, 2004.

Gudykunst, W. B. Theories of Intercultural Communication I［J］. China Media Research, 2005, 1(1): 3-11.

Gudykunst, W. B. Theories of Intercultural Communication II［J］. China Media Research, 2005, 1(1): 76-89.

Gutt, Emst-August. Translation and Relevance Cognition and Context ［M］. Shanghai: Shanghai Foreign Language Education Press, 2004.

Hermans, T. and Pym, A. Translation in Systems: Descriptive and System-Oriented-Approaches Explained［M］. Shanghai: Shanghai Foreign Language Education Press, 2004.

Kim, Y. Y. and Gudykunst, W. B. Theories in Intercultural Communication ［M］. New York: Sage Publications, 1988.

Kincaid, D. L. Communication Theory: Eastern and Western Perspectives ［M］. California: Academic Press, 1987.

Kincaid, D. L. The Convergence Theory and Intercultural Communication ［A］//Kim, Y. Y. and Gudykunst, W. B. Theories in Intercultural Communication ［C］. New York: Sage Publications, 1988.

Kulich, Steve and Prosser, Michael. Intercultural Perspectives on Chinese Communication ［M］. Shanghai: Shanghai Foreign Language Education Press, 2007.

Kuper, Adam and Kuper, Jessica. The Social Science Encyclopedia［M］. London: Routledge and Kugan Paul, 1985.

Lefereve, Andre. Translation, Rewriting and the Manipulation of Literary Fame ［M］. Shanghai: Shanghai Foreign Language Education Press, 2004.

Lefereve, Andre. Translation/History/Culture: A Sourcebook ［M］. Shanghai: Shanghai Foreign Language Education Press, 2004.

Munday, Jeremy. Introducing Translation Srudies: Theories and Applications ［M］. London and New York: Routledge, 2001.

Newmark, Peter. A Textbook of Translation ［M］. Shanghai: Shanghai Foreign Language Education Press, 2001.

Newmark, Peter. About Translation ［M］. Beijing: Foreign Language Teaching and Research Press, 2006.

Newmark, Peter. Approaches to Translation ［M］. Shanghai: Shanghai Foreign Language Education Press, 2001.

Nida, Eugene. Toward a Science of Translating ［M］. Shanghai: Shanghai Foreign Language Education Press, 2004.

Nida, Eugene. Language and Culture: Contexts in Translatology [M]. Shanghai: Shanghai Foreign Language Education Press, 2001.

Nida, Eugene. Language, Culture and Translating [M]. Shanghai: Shanghai Foreign Language Education Press, 1993.

Reiss, Katharina. Translation Criticism [M]. Shanghai: Shanghai Foreign Language Education Press, 2004.

Shuttleworth, Mark and Cowie, Moira. Dictionary of Translation Studies [M]. Shanghai: Shanghai Foreign Language Education Press, 2004.

Samovar, L. A. and Porter, R. E. Intercultural Communication: A Reader [M]. Shanghai: Shanghai Foreign Language Education Press, 2007.

Samovar, L. A. and Porter, R. E. Communication between Cultures [M]. Beijing: Foreign Language Teaching and Research Press, 2000.

Snell-Homby, M. and Jettmarova, Z. Translation as intercultural communi-cation [M]. Philadelphia: J. Benjamins, 1997.

Snell-Homby, M. Translation Studies: An Integrated Approach [M]. Shanghai: Shanghai Foreign Language Education Press, 2001.

Steiner, George. After Babel: Aspects of Language and Translation [M]. Shanghai: Shanghai Foreign Language Education Press, 2001.

Toury, Gideon. Descriptive Translation Studies and Beyond [M]. Shanghai: Shanghai Foreign Language Education Press, 2001.

Varner, Iris and Beamer, Linda. Intercultural Communication in the Global Workplace [M]. Shanghai: Shanghai Foreign Language Education Press, 2006.

Venuti, Lawrence. The Translator's Invisibility a History of Translation [M]. Shanghai: Shanghai Foreign Language Education Press, 2004.

Williams, Jenny and Chesterman, Andrew. The Map: A Beginner's Guide to Doing Research in Translation Studies [M]. Shanghai: Shanghai Foreign Language Education Press, 2004.

爱门森. 国际跨文化传播精华文选 [M]. 杭州: 浙江大学出版社, 2007.

陈卞知. 跨文化传播研究 [M]. 北京: 中国传媒大学出版社, 2004.

陈德鸿, 张南峰. 西方翻译理论精选 [M]. 香港: 香港城市大学出版社, 2000.

崔建林, 黄华. 国粹系列之一: 思想文明 [M]. 北京: 中国物资出版社, 2005.

范样涛. 科学翻译影响下的文化变迁 [M]. 上海: 上海译文出版社, 2006.

方梦之. 译学词典 [M]. 上海: 上海外语教育出版社, 2003.

冯友兰．中国哲学史新编（上）［M］．北京：人民出版社，1998．

郭建中．当代美国翻译理论［M］．武汉：湖北教育出版社，2000．

郭建中．文化与翻译［M］．北京：中国对外翻译出版公司，1999．

郭尚兴，王超明．汉英中国哲学辞典［M］．开封：河南大学出版社，2002．

郭尚兴，盛兴庆．中国文化史（History of Chinese Culture）［M］．开封：河南大学出版社，1994．

郭秀娟．试析当代博物馆的文化传播问题［J］．南方文物，2006（2）．

贺显斌．论权力关系对翻译的操控［M］．厦门：厦门大学出版社，2005．

胡超．跨文化交际——E时代的范式与能力建构［M］．北京：中国社会科学出版社，2005．

胡庚申．翻译与跨文化交流：转向与拓展［M］．上海：上海外语教育出版社，2006．

贾文波．应用翻译功能论［M］．北京：中国对外翻译出版公司，2004．

贾玉新．跨文化交际学［M］．上海：上海外语教育出版社，1997．

金惠康．跨文化交际翻译［M］．北京：中国对外翻译出版公司，2003．

金惠康．跨文化交际翻译续编［M］．北京：中国对外翻译出版公司，2004．

金惠康．跨文化旅游翻译［M］．北京：中国对外翻译出版公司，2006．

金圣华，黄国彬．因难见巧：名家翻译经验谈［M］．北京：中国对外翻译出版公司，1998．

李长栓．非文学翻译理论与实践［M］．北京：中国对外翻译出版公司，2008．

李和庆，黄皓，薄振杰．西方翻译研究方法论（70年代以后）［M］．北京：北京大学出版社，2005．

李开荣．试论文物名称英译文化信息的处理［J］．中国科技翻译，2001（4）．

李文革．西方翻译理论流派研究［M］．北京：中国社会科学出版社，2004．

李莹．从文化角度看博物馆文物翻译的归化与异化［D］．广州：广东外语外贸大学硕士学位论文，2007．

廖七一．当代英国翻译理论［M］．武汉：湖北教育出版社，2004．

刘洪．博物馆文化初探，四川文物［J］．1997（6）．

刘宓庆．翻译美学导论［M］．北京：中国对外翻译出版公司，2005．

刘宓庆．新编当代翻译理论［M］．北京：中国对外翻译出版公司，2005．

刘宓庆．中西翻译思想比较研究［M］．北京：中国对外翻译出版公司，2005．

刘庆元．文物翻译的达与信［J］．中国科技翻译，2005（5）．

刘重德．文学翻译十讲［M］．北京：中国对外翻译出版公司，1991．

卢红梅．华夏文化与汉英翻译［M］．武汉：武汉大学出版社，2006．

陆扬，王毅．文化研究导论［M］．上海：复旦大学出版社，2006．

马祖毅．中国翻译简史［M］．北京：中国对外翻译出版公司，1998．

倪若诚（Neather，Robert）．博物馆目录的翻译［J］．中国翻译，2001（1）．

欧艳．文物博物馆翻译初探［J］．贵州教育学院学报，2006（12）．

［美］萨姆瓦，波特．跨文化传播［M］．北京：中国人民大学出版社，2004．

师新民．考古文物名词英译初探［J］．中国科技翻译，2007（8）．

思果．翻译新究［M］．北京：中国对外翻译出版公司，2001．

孙通海，王颂民．诸子精粹今译［M］．北京：人民日报出版社，1993．

谭载喜．西方翻译简史［M］．北京：商务印书馆，2004．

汪翠兰．河南省旅游景点英文翻译的跨文化审视［D］．郑州：郑州大学硕士学位论文，2006．

王宏印．文学翻译批评论稿［M］．上海：上海外语教育出版社，2006．

王莉．博物馆：文化记忆与传播的重要工具［J］．中国博物馆，2005（2）．

王文华．翻译的概念［M］．北京：外文出版社，2007．

谢天振．翻译的理论构建与文化透视［M］．上海：上海外语教育出版社，2000．

谢天振．翻译研究新视野［M］．青岛：青岛出版社，2002．

谢天振．译介学［M］．上海：上海外语教育出版社，2000．

徐有志．英语文体学教程［M］．北京：高等教育出版社，2005．

许钧．翻译论［M］．武汉：湖北教育出版社，2003．

许钧．文学翻译的理论与实践：翻译对话录［M］．南京：译林出版社，2001．

严辰松．中国翻译研究论文精选［M］．上海：上海外语教育出版社，2006．

张今．文学翻译原理［M］．北京：清华大学出版社，2005．

朱葵菊．中国传统哲学［M］．北京：中国和平出版社，1991．

邹霞．论博物馆的文化功能与文化品味［J］．黄冈师范学院学报，2004（4）．